Germanus Piegsda & Julia Michel-Piegsda

Einladung zum Glücklichsein

W0214118

EINLADUNG ZUM GLÜCKLICHSEIN

DAS WUNDER DER LIEBE

GERMANUS PIEGSDA
und JULIA MICHEL-PIEGSDA

SILBERSCHNUR

Alle Rechte vorbehalten. Kein Teil dieser Publikation darf ohne vorherige Zustimmung durch den Herausgeber in irgendeiner Form oder auf irgendeine Weise - sei es elektronisch, mechanisch, als Fotokopie, Aufnahme oder anderweitig - reproduziert, auf einem Datenträger gespeichert oder übertragen werden.

© Copyright Verlag »Die Silberschnur« GmbH

ISBN: 978-3-89845-251-9

1. Auflage 2008 2. Auflage 2009

Gestaltung & Satz: XPresentation, Boppard
Druck: Finidr, s.r.o. Cesky Tesin

Verlag »Die Silberschnur« GmbH
Steinstraße 1 · D-56593 Güllesheim
www.silberschnur.de · Email: info@silberschnur.de

Inhaltsverzeichnis

Einleitung

Hallo, darf ich Sie mit dem Vornamen anreden? Ich persönlich empfinde die Anrede »Sie« und den Vornamen als die respektvollste und persönlichste Form der Kommunikation, weil der Vorname eine innere Verbindung mit Ihnen eingegangen ist und Sie als Persönlichkeit identifiziert.

Ich heiße Germanus, nein, kein Künstlername und kein Pseudonym, so heiße ich von Geburt an – und dafür, sowie für alles andere, bin ich meinen Eltern sehr dankbar und grüße sie an dieser Stelle voller Liebe, denn sie hatten es nicht immer leicht mit mir.

Wenn ich Sie also im Verlaufe dieses Buches mit: Sie, Ihr, Ihre und Ihren anrede, so fügen Sie dann immer liebe(r) und Ihren Vornamen hinzu ...

In einer Zeit, in der Sie (liebe(r) + Vorname) nur noch eine Aktennummer, Listennummer, ja sogar vielleicht bald nur noch ein Barcode im Unterarm sind, möchte ich mich mit Ihnen ein wenig persönlicher unterhalten.

Bevor Sie jetzt weiterlesen, ein paar Gewissensfragen:

- Haben Sie genug Ruhe, Entspannung und Zeit, um dieses Buch zu lesen?
- Sitzen oder liegen Sie bequem?
- Haben Sie auch die Nase voll von Vorurteilen, Enttäuschungen, Neid, Missgunst und Verletzungen?
- Können Sie mental all die Dinge loslassen, die Sie täglich unter Druck setzen?
- Können Sie glauben und fühlen, was wahr ist?
- Sind Sie bereit, neue Wege zu gehen, die Ihnen Ihr Glück bescheren?

Wenn Sie die meisten Fragen mit »ja« beantwortet haben, dann sage ich Ihnen, es ist höchste

Zeit, dass ich Ihnen ein Märchen erzähle, das Sie im Herzen berühren wird.

Beginnen wir, wie bei allen Märchen, mit den Worten: »Es war einmal ...«

Der Planet

Es war einmal vor langer, langer Zeit ein Planet, der in Ruhe und Frieden lebte.

Dieser Stern war so reich und vielfältig an Farben, mit solch einer Intensität, dass alle Pflanzen umgeben waren von einer leuchtenden Aura. Es ist mit Worten kaum zu beschreiben - alles strahlte, glitzerte, blinkte und leuchtete, so weit das Auge reichte, und die Luft war erfüllt von tausenden und abertausenden von wohlriechenden Düften der Natur. Schon der bloße Anblick dieses Himmelskörpers vermittelte einem eine innere Ruhe, öffnete das Herz, und man wurde erfüllt von tiefer Zuneigung und Liebe. Diese Welt war eine Oase voller Glück und Gesundheit.

Auf diesem Planet wohnten in glückseliger Harmonie Menschen, Tiere und Pflanzen, die alle auf wundersame Weise synergetisch miteinander verbunden waren. Jeder kannte die Empfindungen des anderen, und deshalb begegnete man sich voller Liebe, Zuneigung, Respekt und Achtung.

Worte wie Zorn, Hochmut, Wollust, Trägheit, Völlerei, Habgier und Neid waren diesem Himmelskörper fremd.

In einem Wort, es war das Paradies.

Legen Sie bitte nach dem folgenden Absatz das Buch aus der Hand, und schließen Sie Ihre Augen. Atmen Sie fünf Mal tief ein und aus, und lassen Sie sich innerlich fallen. Visualisieren Sie diesen Planeten in Ihrem Geist, und betreten Sie die Oberfläche dieser faszinierenden Welt. Spüren Sie die Ruhe und Liebe dieses Planeten in Ihrem Herzen. Schauen Sie sich die leuchtenden Farben der Vegetation an, die Vielzahl der Pflanzen, Bäume und Sträucher, die Mannigfaltigkeit der Tierwelt. Nehmen Sie den Geruch der unberührten Natur in sich auf. Lassen Sie sich tragen von der Harmonie, und vernehmen Sie die Geräusche dieser Umwelt: das Zwitschern der Vögel, das Lachen der Kinder, die ausgelassen am

Bach spielen, die angeregten, unbefangenen Gespräche der Menschen, die sich in größeren und kleineren Gruppen mit viel Liebe begegnen und austauschen.

Hallo, wieder zurückgekehrt?

Ja, ein solcher Himmelskörper kann einen in den Bann ziehen, verspürten Sie auch das Gefühl von Zufriedenheit, innerer Ruhe und tiefem Vertrauen? Die Wärme und Verbundenheit, die positive Energie dieses Sterns?

Tauchen Sie noch einmal ein in dieses Paradies, und nehmen Sie durch einige tiefe Atemzüge diese positive Energie in sich auf - und mit nach Hause.

Sie werden dieses Gefühl im Verlaufe dieses Buches noch brauchen ...

Der Spaziergang

Lassen Sie uns jetzt noch ein drittes Mal die Oberfläche des Paradieses betreten und gemeinsam einen Spaziergang machen. Geben Sie mir Ihre Hand, seien Sie meine »Begleitung«, haben Sie Vertrauen - und ich zeige Ihnen Ihr Paradies.

Sehen Sie dort den See in all seiner Schönheit, funkelnd und leuchtend wie ein Diamant, der die dunkelrot untergehende Sonne in all Ihren Farben widerspiegelt, die Libellen, die tanzend über dem Wasser fliegen, Millionen von Blüten in all ihren Formen und Farben?

Eine Oase für unsere Seele.

Da rechts, die kleine Stadt - wollen wir diese gemeinsam besuchen?

Nun kommen Sie schon, vergessen Sie Ihre Sorgen, Nöte, Ängste, das Wenn und Aber, Ihr

Misstrauen, legen Sie alles ab, und kommen Sie, es dämmert immer mehr.

Menschen, gütig lächelnd mit einem Glanz im Gesicht, mit leuchtenden Augen und viel Wärme im Herzen, begegnen uns. Offen, bereit für ein liebes Wort.

Da schauen Sie hin, sie kommen zu uns.

»Hallo, ihr beiden!«, begrüßt uns lächelnd die Frau. »Ich bin Elian, und das ist mein Mann Inai, wo kommt ihr denn her, und wie ist euer Name?«

»Ich heiße Germanus, und das ist meine Begleitung. Wir kommen aus einer anderen Welt, weit weg von hier«, antworte ich.

Inai lacht und sagt: »So, aus einer anderen Welt? Davon müsst ihr uns erzählen. Wir laden euch ein.«

Ohne eine Antwort abzuwarten und wie selbstverständlich schiebt er uns geradewegs zwischen sich und seine Frau.

»Lasst uns gehen!«, sagt Inai, und ein glücklicher Gesichtsausdruck unterstreicht diese Bitte.

Elian lächelt sanft und hakt sich bei Ihnen ein.

Was ist mit Ihnen? Sie schauen so misstrauisch, ach was! Weg mit den Ängsten, den Zweifeln, lassen Sie sich fallen. Ich habe ein gutes Gefühl, haben Sie Vertrauen.

Gemeinsam und eng beieinander, als wären wir schon von Kindesbeinen an Freunde, laufen wir vier durch einen urwüchsigen Wald. Der Duft der Bäume und Blumen, die Vielfalt der Geräusche und Stimmen, die wir vernehmen, Farben, die leuchten, schillern und glitzern, so dass unser Auge fast geblendet ist von der Schönheit dieser Natur - all das ist ein wahres Wunderwerk.

Auf einer Lichtung tummeln sich Kinder. Sie spielen ausgelassen, unbefangen und glücklich. Als sie uns bemerken, grüßen sie lachend.

Lassen Sie uns zurückwinken, denn die Freude scheint groß zu sein.

»Das sind einige Kinder unserer kleinen Stadt, die sind immer so fröhlich«, strahlt Inai. »Aber schaut nach vorne, gleich hinter der Kuppe sind wir zu Hause.«

Da steht es, ein ausladendes Haus aus hellem Kalkstein mit einem mächtigen Eingang, umsäumt von Säulen, mit vielen Balkonen und noch mehr Fenstern sowie einem prächtigen Garten.

Der Teich spiegelt die letzten Sonnenstrahlen der untergehenden Sonne wider, und die Fontäne des Springbrunnens plätschert ihre Serenade dazu.

Ein Haus wie im Traum, mit einer riesigen Eingangshalle. Die Statuen verleihen der offenen Bauweise noch mehr stärkenden Raum, und die weichen unterschiedlichen Terrakottatöne von Gelblich bis Rot schmeicheln der Seele, Wärme und Behaglichkeit breiten sich in uns aus. Überall brennen Kerzen, und Räucherstäbchen erfüllen den Raum mit viel Liebe. Im Hintergrund hört man die harmonischen Klänge von Harfe und Laute. Stille und Frieden kehren in uns ein.

»Fühlt euch wie zu Hause, gleich wird gegessen«, ruft Elian aus der Küche.

Riechen Sie den Duft der herangetragenen Speisen?

Um einen schweren, festlich gedeckten Holztisch versammelt, reichen Inai und Elian uns ihre Hände.

Es herrscht Stille. Bemerke ich da Ihren fragenden Blick? Selbstverständlich beten die beiden - und das mit leuchtenden Augen und einem Strahlen im Gesicht.

Ein Festmahl für unsere Sinne: Die Früchte sehen aus, als seien sie gemalt. Hm, hier schmeckt das Gemüse noch nicht nach Wasser, und der Fisch mit all den vielen köstlichen Kräutern ist ein Gedicht! Haben Sie schon das frische Brot gekostet? Da schmeckt Brot noch nach dem Getreide, aus dem es gemacht ist. Hier schmeckt Wasser noch rein und klar.

Ein alter Mann betritt das Haus und kommt schlurfenden Schrittes auf uns zu.

»Darf ich vorstellen, das ist mein Vater Atai«, erklärt uns Inai stolz, und zu dem alten Mann gewandt redet er weiter: »Setz dich zu uns, und iss mit uns.«

Mit einer leichten Verneigung zu uns setzt sich der alte Mann an den Tisch.

Erst jetzt aus der Nähe haben wir Gelegenheit, uns den Greis näher zu betrachten: Sein dichtes, schulterlanges, gewelltes, weißes Haar und sein bis auf die Brust reichender Bart lassen ihn sehr weise erscheinen. Die endlos vielen und tiefen Falten säumen das leicht gebräunte Gesicht des alten Mannes. Ein verschmitztes Lächeln gleitet über es, er scheint unsere Gedanken zu erahnen.

Mit sonorer und liebevoller Stimme fragt er. »Ich fühle eure Frage, na, schon erraten, wie alt ich bin?« Und dann beginnt er laut zu lachen, und dabei klopft er sich voller Freude auf den Oberschenkel.

Was sehen Sie mich so fragend an? Was glauben Sie denn? Nach dem Aussehen könnte er locker 120 bis 130 Jahre sein!

Was sagen Sie da? Das sei ja unmöglich, so alt wird kein Mensch?

Bevor Sie den Mut fassen, habe ich die Antwort schon formuliert.

»130 Jahre meint meine Begleitung«, sprudelt es aus mir heraus.

Elian und Inai brechen in schallendes Gelächter aus, und auch Inais Vater, Atai, fängt so heftig zu lachen an, dass man seine Augen kaum noch sehen kann.

»130 Jahre!«, schreit Inai vor Lachen.

»130 Jahre!«, prustet Elian.

Sie knuffen und stoßen sich an vor lauter Freude.

»Ihr seid ja lustig; Elian ist schon 214, ich bin 234 und mein Vater wird nächstes Jahr 890.«

Das kann ja jetzt wohl nicht wahr sein, höre ich Sie sagen. Das gibt es doch gar nicht. Ihr wollt uns verladen nach Strich und Faden! Hier ist es wie überall, man wird verlacht, beschwindelt, betrogen und enttäuscht. Das hätte ich von euch nicht gedacht.

Nun mal sachte, lieber Leser, weg mit den Vorurteilen, lassen Sie einmal Ihren Verstand aus dem Spiel. Hören Sie einfach auf Ihr Innerstes, auf Ihre Seele oder, wenn es Ihnen lieber ist, auf Ihr Bauchgefühl.

Nachdem Sie sich den nun folgenden Absatz verinnerlicht haben, legen Sie das Buch beiseite, und folgen Sie bitte den Anweisungen.

Schalten Sie Ihr Gehirn ab, und folgen Sie intuitiv meinen Worten. Atmen Sie tief durch die Nase ein, sammeln Sie Ihre Energie im Bauch und atmen Sie dann langsam und gleichmäßig über den leicht geöffneten Mund aus. Diesen Vorgang wiederholen Sie bitte 13-mal, dabei zählen Sie von 13 bis 1 herunter. Versuchen Sie, an nichts zu denken. All Ihre Sorgen, die Last des Tages, Ihre Ängste, Zweifel und Nöte fallen mit jedem Atemzug mehr von Ihnen ab. Sie konzentrieren sich nur noch auf das Hier und Jetzt. Dabei öffnen Sie sich.

Nach dem siebten Atemzug versuchen Sie jetzt, Ihre Mitte und Ihren Ursprung zu finden. Lösen Sie sich von allen irdischen Fesseln, und genießen Sie die Freiheit und Zwanglosigkeit Ihres eigentlichen Ichs. Fühlen Sie den Zustand des Gelöstseins, spüren Sie tiefe Ruhe, Zufriedenheit und Entspannung.

Lassen Sie uns nun frei und offen im Glauben an den Ursprung und an alles Gute unsere Geschichte weiter erleben und erfahren, welches Geheimnis dahinter verborgen ist.

Das Dreieck der Liebe

Lassen Sie mich Ihnen das Geheimnis des Ursprungs erklären: Alles beruht auf einem ganzheitlichen Prinzip, das sich aus zwei ineinander verschachtelten Pyramiden zusammensetzt.

Es ist ganz einfach.

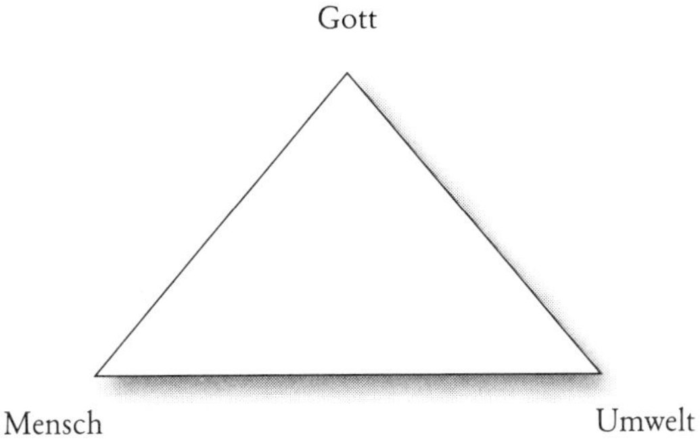

Das ist das Dreieck der Liebe. Die Grundlage für das alles ist eine Harmonie zwischen Gott (oder dem Universellen, das können Sie nennen, wie es Ihnen angenehm ist), dem Menschen und der Umwelt. Über das so genannte morphogenetische Feld sind Gott, Mensch und Umwelt synergetisch miteinander verbunden. Das heißt, ein Teil dieser göttlichen Energie ist in uns, in jedem Tier, in jedem Baum und in allen Pflanzen. Jeder fühlt sich mit jedem verbunden, und ständig findet innerhalb dieser Pyramide ein Datenaustausch statt. Stellen Sie sich einen fortlaufenden Strom an Informationen quer durch das ganze Universum vor. Es ist im Prinzip so, als würden drei Personen als Sender und Empfänger gleichzeitig miteinander funken. Dieser Datenaustausch funktioniert deshalb so reibungslos, weil das Universum, unser Körper, die Tiere, ja sogar die Pflanzen ähnlich strukturiert sind. Man nennt dies das Gesetz der Analogie.

Jeder Körper im Universum hat auf Grund der Rotation der Planeten eine Grundschwingung und sendet dadurch Energien aus, die in ihrem Ursprung positiv sind. Diese Information sendet unser Körper ständig aus und teilt der Umwelt, also unseren Mitmenschen, den Tieren, den Pflanzen und auch dem Universum, unsere Präsenz und unsere tief verborgenen Absichten mit.

Lieber Leser, diese Dinge sind alle naturwissenschaftlich zu belegen. Nur ein kleines Beispiel zum Überlegen: Erinnern Sie sich an den Versuch mit Pflanzen, die auf klassische Musik positiv ansprachen? Sie reagierten auf die Schwingungen der Musik. Sie reagieren aber auch auf Stimmen und auf Empfindungen - und das nur, weil jede Emotion von Ihnen als unterschiedliche Schwingung gesendet wird. Dies gilt übrigens nicht nur für Pflanzen, sondern auch für die Tiere und Menschen.

Vielleicht verstehen Sie jetzt den Satz: »Ich habe das subjektive Gefühl, der kann mich nicht leiden.« Überlegen Sie einfach in Zukunft, welche Information Sie Ihrem Nächsten schicken. Vergessen Sie dabei nicht, dass das Gesetz der Synergetik überall gilt, unabhängig von Raum und Zeit. - Raum und Zeit sind relativ.

Sehe ich fragende Gesichter?

Seien Sie sich dessen bewusst, dass wir mit allem und jedem verbunden sind, wir sind nie alleine und jeder kann die Empfindungen des anderen im Unterbewusstsein wahrnehmen, denn alles ist eine Einheit und göttlich. Der Mensch ist nichts weiter als ein kleines Rad in dieser großen Maschinerie »Göttlichkeit«.

Es ist so: Wir sind nicht mehr und nicht weniger, nicht größer und nicht kleiner, nicht besser und nicht schlechter.

Da bin ich schon beim nächsten Punkt angelangt:

Alles ist in seiner Grundsubstanz positiv.

Das so genannte innere Ich, unsere Seele, die göttlichen Ursprungs ist, kennt nur das Positive. In diesem Zustand gibt es nichts Schlechtes, nichts Böses, kein Misstrauen, keinen Hass und nichts, was mit negativen Schwingungen behaftet ist.

Reine Liebe ist der Urzustand unseres Ichs, und davon haben wir so unendlich viel. Das liegt darin begründet, dass im Universum alles unendlich vorhanden ist. Hier kann man sich wünschen und schöpfen, was man will, in Hülle und Fülle - und man bekommt das, wonach man verlangt. Aber das ist ein anderes Geheimnis, auf das ich später noch ganz genau eingehen will ...

Wichtig ist momentan nur eines: Haben Sie keine Zweifel, und glauben Sie, was ich Ihnen sage, lassen Sie sich fallen, hören Sie auf Ihr innerstes Empfinden, auf Ihre Seele - und legen Sie den Filter des Misstrauens und der Zweifel ab. Seien Sie stark, und wehren Sie sich, lösen Sie Ihre Bande, lassen Sie sich langsam an dieses Geheimnis heranführen. Ich bin mir sicher, wenn Sie glauben, werden Sie verstehen und alle Zusammenhänge erkennen.

Das Dreieck der Gesundheit

Kommen wir zur zweiten Pyramide. Diese zweite Pyramide ist das Dreieck der Gesundheit. Nur wenn Körper, Geist und Seele in Harmonie sind, erlangen wir vollkommene Gesundheit.

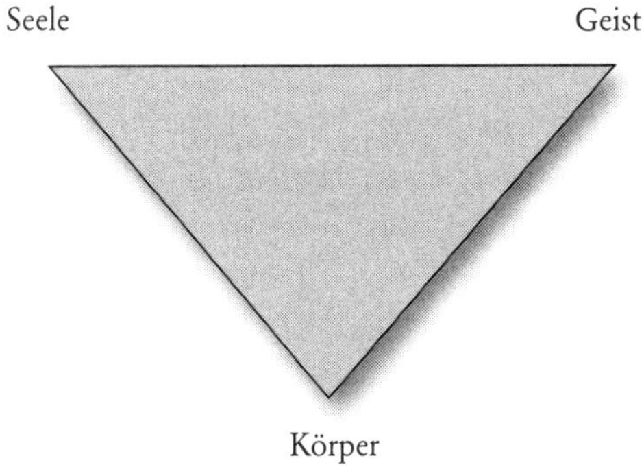

Im Grunde genommen, bis auf einige Ausnahmen, sind alle Krankheiten psychosomatischen Ursprungs. Das heißt, immer wenn die Seele oder der Geist nicht im Einklang sind oder eine Störung aufweisen, wird der Mensch krank. Dieses organische Defizit, dem eine solche Störung zu Grunde liegt, nennt man psychosomatische Erkrankung. Ganz im Groben erklärt, steht jedes Körperorgan auch stellvertretend für eine psychische Empfindung. Der Magen zum Beispiel steht für NICHT-MÖGEN, daraus resultieren dann Abneigung, Mangel an Sicherheit, man fühlt sich überlastet, fühlt Hass, scheint machtlos zu sein, daneben fühlt man Besessenheit oder Gier. Hat der Geist oder die Seele zum Beispiel tiefe Schuldgefühle, so findet eine Unterversorgung dieses Organs statt, weil im entsprechenden Zentrum des Gehirns eine Blockade vorhanden ist, und diese Störung hat zur Folge, dass dem Magen eine dauerhafte Unterversorgung zuteil wird. Es kommt zur Erkrankung; daraus resultiert auch die Masse der chronischen Leiden.

Die Niere steht für ANGST, daraus gehen Demotivation, gelähmter Wille, Demoralisierung, Schuldgefühle oder Richtungslosigkeit hervor.

In der modernen Psychologie wird unter Zuhilfenahme einer bestimmten Muskelkontraktionstechnik, Kinesiologie genannt, untersucht, ob es sich um organische, geistige oder seelische Beschwerden handelt.

Der Unterschied zwischen geistig und seelisch ist folgender: Die geistige Störung ist eine emotionale Verletzung aus dem Hier und Jetzt, also aus diesem Leben. Die seelische Störung dagegen ist eine emotionale Verletzung, mitgebracht aus irgendeinem vorangegangenen Leben, die sich im Hier und Jetzt manifestiert hat.

Die Realität im Hier und Jetzt

Ja, »vorangegangene Leben«, Sie haben richtig verstanden ... Sie haben alle mehr als einmal gelebt, und mit der Kinesiologie kann ich diese Aussage auch beweisen sowie psychologisch untermauern.

Kommen Sie, und begleiten Sie mich bei dem folgenden Gedanken: Alles im Körper hat eine Funktion und arbeitet, manche Organe in verschiedenen Situationen bis an ihre Leistungsgrenze, so zum Beispiel das Herz eines Sportlers. Wissen Sie eigentlich, dass unser Gehirn anscheinend das am wenigsten genutzte Organ ist? Wissenschaftler behaupten, selbst Albert Einstein, der Vater der Relativitätstheorie, hätte nur maximal 12 Prozent seines Gehirns genutzt ... Haben Sie sich nie die Frage gestellt, warum nur zu so einem geringen Anteil? Wo ist da die Logik, der Sinn?

Gewissensfrage: Wo liegen Ihre Seele und Ihr Geist?

Im Bauch, werden die einen sagen, denn dort ist das bekannte Bauchgefühl, im Herzen, sagen die anderen, hier sitzt das Wohlbefinden.

DAS TRIFFT NICHT GANZ ZU!

Die Seele und der Geist suchen sich das Kind vor der Geburt aus, bei dem sie das Empfinden haben, es könnte diese Inkarnation meistern. Mit anderen Worten: Es ist in der Lage, seinen Auftrag oder, wie Sie sagen würden, den Sinn des eigenen Lebens zu erfüllen.

Wenn die Seele ihren so genannten Wirt gefunden hat, dann geht diese eine Verbindung mit dem Herzen ein. Der Geist vereinigt sich mit dem Gehirn. Das heißt, all Ihr universelles Wissen, all Ihre Informationen aus vorangegangenen Leben werden in diesem Augenblick in Ihr Gehirn übertragen. Das ist in etwa vergleichbar mit dem Laden einer Daten-CD auf die Festplatte Ihres Computers.

Ihr Gehirn ist nun zu 100 Prozent belegt und betriebsbereit.

Die Sache hat nur einen kleinen Haken: Sie tragen einen seit Jahrtausenden geprägten Filter, einen Virus in sich, der Sie daran hindert, das Abgespeicherte abzurufen.

Hierfür ein Beweis: Die Autisten haben eine Wahrnehmungs- und Informationsverarbeitungsstörung. Diese Störung hat in der Regel eine so genannte Inselbegabung zur Folge, das trat z. B. bei einem Mann auf, der mit einem Flugzeug über Rom flog und anschließend ein fünf Meter großes Bild zeichnete, das jede Einzelheit wiedergibt. Genauso ist der Junge aus Amerika, der mit vier Jahren das System in der Festlegung der Klaviertasten erkannte, sich daraufhin selbst das Klavierspielen beibrachte und heute als Teenager selbst komponierten Jazz in den namhaftesten Häusern Amerikas spielt, ein Beispiel für solch eine Inselbegabung.

Vereinfacht gesagt: Diese Menschen haben den Filter unbewusst durchbrochen und einen Teil ihrer unendlichen Fähigkeiten zu Tage gebracht.

Dass diese Menschen unter einer Bewusstseinsstörung leiden, ist eine medizinische Indikation und braucht uns bei unserem Thema nicht zu beschäftigen.

Also weg mit all dem Ballast, konzentrieren wir uns auf das Wesentliche und fassen wir zusammen: Das Gehirn ist zu 100 Prozent belegt, und alles, ja Sie lesen richtig, alles ist möglich - und Sie können es tun. Sie verfügen über unendliches universelles Wissen mit allen Fähigkeiten.

Sprechen ist eigentlich überflüssig, denn die telepathischen Fähigkeiten haben wir längst. Autos, Flugzeuge, Schiffe, alles Schnee von gestern - Astralreisen heißt das neue Fortbewegungsmittel.

Sie glauben mir schon wieder nicht, hegen Zweifel? Verständlich, die hätte ich ehrlich gesagt vor einiger Zeit auch noch gehabt. Doch ganz nüchtern und sachlich betrachtet, was haben Sie zu verlieren? Nichts! Sie können nur gewinnen. Ich will Sie auch nicht überreden, denn letztendlich entscheiden Sie selbst, was mit Ihnen weiter geschieht. Ich will Sie nur sensibilisieren sowie Ihre Seele und Ihren Geist im Ursprung stärken, damit die Schranke durchbrochen wird und Sie Ihr wahres Ich erkennen.

Hören und fühlen Sie, lassen Sie sich führen, vertrauen Sie mir und Ihrer Seele. Ich bin gerne und voller Liebe bereit, immer wieder den Beweis für meine Erkenntnisse zu erbringen. Denn längst schon hat Ihre Seele Ihnen gesagt, dass das kein Märchen ist, in dem wir uns befinden und dass wir nie auf einem fremden Planeten waren.

Ich habe lediglich das Raum-Zeit-Kontinuum ein wenig verschoben und bin mit Ihnen in die Vergangenheit gereist, als wir dem Ursprung näher waren ...

Der Filter

Um ein besseres Verständnis für dieses nun folgende heikle Thema zu bekommen, begeben wir uns in das Reich der Tiere, genauer gesagt widmen wir uns einer besonderen Rasse der Pferde, dem Quarterhorse.

Als Christoph Kolumbus 1492 Amerika entdeckte, gab es dort keine Pferde. Im Verlaufe seiner Landungen brachte er aber die Lusitaner und Araberpferde mit in die neue Welt. Daraus entwickelten sich die so genannten Wildpferde, die Mustangs und Broncos. Etwa 1850 gründete Capitän King die King-Ranch und züchtete aus Mustangs und Broncos das Quarterhorse, man nennt diese Rasse auch Western- oder Cowboypferde. Da dieses Pferd ausschließlich dem Cowboy bei der Arbeit diente, musste man ihm einen natürlichen Charakterzug abgewöhnen. Sicherlich wissen Sie, dass man, um ein Lasso zu werfen, beide Hände benötigt - und jetzt stellen Sie sich den ruckartigen Übergang vom Schritt zum Trab oder dann zum Galopp vor. Freihändig und dabei gar noch zielen und werfen - das war fast unmöglich. Also dressierte man diesem Pferd einen ruckfreien Übergang an, es konnte nun vom Stand aus sofort in den Galopp übergehen.

Heute, nach ungefähr 160 Jahren, ist dieses ungewöhnliche Verhalten in den Genen gespeichert, und das Pferd kommt schon mit dieser verankerten Manipulation auf die Welt. Nach dem Einreiten verfügt das Tier dann automatisch über diese Fähigkeit.

Sie wissen genau, wo der kausale Zusammenhang zwischen dem Beispiel und uns liegt und was ich Ihnen damit erklären will ...

Lieber Leser, genau jetzt sind wir an dem Punkt dieses Buches angelangt, der in mir eine tiefe Trauer hervorruft. Begleiten Sie mich vor einen Spiegel, und schauen Sie sich an. - Glauben Sie wirklich, dass das, was Sie da sehen, Sie sind? Glauben Sie, das Hier und Jetzt um Sie herum sei der Ursprung?

Wo sind wir denn mit unserer so genannten heutigen Liebe gestrandet? - Egoismus, Zorn, Hochmut, Gier, Neid, Rache, Geiz, Mobbing, Verletzungen, Bequemlichkeit, Pornografie, Zügellosigkeit, Fastfood ... Ich könnte ein Buch füllen mit all diesen Worten voller negativer Energien. Schlagen Sie den Duden einmal auf, und versuchen Sie einmal ein Gespräch ohne Wertungen, nur mit positiven Worten zu führen. Sie werden feststellen, dass das sehr schwer ist.

Sie zweifeln schon wieder? Dann versuchen Sie, im nächsten Gespräch einmal darauf zu achten, und Sie werden sich selber dabei erwischen, dass Ihnen negativ geladene Worte über die Lippen kommen. Seitenweise könnte ich Ihnen jetzt vorbeten, in was für einem zerstörerischen System wir uns befinden. - Aber ich will Sie nicht langweilen mit Dingen, die Sie bereits wissen; in der Kürze liegt die Würze, und Sie fühlen es selbst, dass wir und unser System weltweit erkrankt sind.

Lieber Leser, wir alle sind synergetisch miteinander verbunden, erinnern Sie sich noch? Doch jeder zweite Baum ist krank, und wussten Sie, dass nach neuesten Erkenntnissen jeder zweite Mensch an psychosomatischen Erkrankungen leidet?

Was für eine Ironie des Schicksals, denken Sie ... - Nein, eben nicht! Das ist das Werk von uns Menschen. Das morphogenetische Feld, das Gesetz der Analogie und die synergetische Verbundenheit kommen hier voll zum Tragen.

Normalerweise sollten wir der wichtigsten und ursprünglichsten Frage auf den Grund gehen: »Wer bin ich?« Aber die allumfassende Frage heutzutage lautet: »Was bin ich?«

Und diese Antwort wird leider ausschließlich über materielle Güter definiert: mein Haus, mein Auto, mein Boot, meine Frau. Beachten Sie hierbei nur einmal die Reihenfolge ...

Sprüche wie »Geiz ist geil« sind so etabliert, dass diese Haltung als völlig normal angesehen wird. Genauso hat sich Fastfood durchgesetzt: schnell mal rein, noch schneller raus - und in zwei Stunden hat man wieder Hunger. Alles scheint darauf angelegt zu sein, um eine Gier schnell zu befriedigen.

Über alle Süchte, wie übermäßiges Essen, Rauchen, Drogen, Alkohol, Fernsehen, Schokolade, Pornografie, versucht die Seele das zu kompensieren, was der Mensch nicht in der Lage ist, ihr zu geben - weil er nicht weiß, wie.

Genauso kann man sich fragen: Warum hat annähernd jeder ein so starkes Verlangen, ständig über ein Handy präsent zu sein? Richtig, es ist das subjektive Gefühl, immer erreichbar sein zu müssen, Informationen zu bekommen, kommunikativ zu sein. - Aber haben wir uns jemals gefragt, zu wem oder was wir diese Kommunikation verzweifelt suchen?

Fühlen Sie es? Ihr Unterbewusstsein gab Ihnen die richtige Antwort: das Gespräch mit dem höheren Selbst.

Sie werden jetzt in dieser Phase des Buches die Formulierung »das höhere Selbst« immer häufiger finden, denn es ist der Teil von Ihnen, mit dem ich eine Kommunikation aufbauen möchte.

Ich bitte Sie an dieser Stelle noch einmal: Verlassen Sie den Bereich der Vorurteile, der Ängste und des Misstrauens. Seien Sie stark im Glauben an sich und Ihre Seele, vertrauen Sie Ihrem

Innersten, und lassen Sie mich mit Ihrem höheren Selbst Kontakt aufnehmen.

Lassen Sie sich von mir berühren, und fühlen Sie, was in Ihnen geweckt wird.

Das höhere Selbst

Vielleicht haben Sie diesen Begriff schon einmal gehört: Das höhere Selbst ist der Urzustand der Seele, klar, rein und von göttlicher Natur.

Unser Ursprung liegt in der Zukunft. Wir kehren zu dem zurück, was wir einst waren und eigentlich heute noch sind, wenn wir uns dessen bewusst sind: eine hoch entwickelte Gesellschaft, makellos, göttlich, voller Liebe, mit Fähigkeiten, die weit über unseren derzeitigen Vorstellungskräften liegen.

Haben Sie sich in letzter Zeit nicht auch gefragt, warum die Zeit so schnell vergeht? Sie können das jetzt auf Ihr Alter zurückführen, aber testen Sie es aus. Dieses subjektive Empfinden hat jeder. Es ist tatsächlich so, die Zeit vergeht schneller.

Der Grund hierfür: Unser Sonnensystem, ja das ganze Universum hat seine Rotation beschleunigt. Für uns heißt das, dass wir auf Grund dieses Phänomens eine höhere Körperschwingung angenommen haben und immer mehr Menschen empfänglich sind für Worte, wie Sie sie hier vorfinden.

Es kommt, wie es kommen muss - und wie es kommt, so ist es gut. Bereiten Sie sich auf einen Wandel vor, suchen Sie Ihr höheres Selbst. Machen Sie Ihre Augen auf, öffnen Sie Ihr Herz und Ihre Seele, fühlen Sie Ihr Innerstes, Ihr reines Wesen.

Begleiten Sie mich hierfür in eine kleine Meditation, lösen Sie all Ihre Fesseln und lassen Sie Ihr höheres Selbst mit Ihnen sprechen.

Legen Sie sich bequem hin, unterpolstern Sie Knie und Nacken, damit die Wirbelsäule entspannt ist und ein klarer Fluss der Energieströme gewährleistet ist.

1. Legen Sie die gefalteten Hände auf dem Solarplexus (Sonnengeflecht, das sich eine

Handbreit über dem Bauchnabel befi
ab. Fixieren Sie dann einen Punkt, und lassen Sie ihn nicht mehr los.

2. Atmen Sie ca. 14-mal tief durch die Nase ein. Sammeln Sie Ihre Energie im Bauch, und atmen Sie dann langsam und gleichmäßig, über den leicht geöffneten Mund aus.

   Fühlen Sie, wie sich Ihre Hand bei jedem Atemzug mit dem Bauch hebt und senkt.

3. Stellen Sie sich vor, Sie würden jetzt Ihre Luft durch den Bauchnabel ausatmen. Diesen Vorgang wiederholen Sie bitte ebenfalls 10-mal, und zählen Sie dabei von 10 ab rückwärts.

4. Geben Sie sich dabei immer wieder folgende Anweisungen:

   »Ich finde die Ruhe und Mitte, indem ich alle Gedanken ausschalte.

Mein Kopf ist frei, ich fühle mich wohl und geborgen.«

5. Wenn Sie beim Zählen bei 4 angekommen sind, sagen Sie:

   »Ich spüre, wie mein Körper langsam immer schwerer wird und angenehme Wärme sich ausbreitet.«

6. Am Ende des Zählens sagen Sie sich:

   »Ich habe die Ruhe und Mitte gefunden, ich bin völlig entspannt und frei.«

7. Schließen Sie nun Ihre Augen, und stellen Sie sich einen Raum vor, in dessen Mitte Sie sich als kleines Kind stehen sehen.

8. Schauen Sie sich gegenseitig an, und begrüßen Sie sich.

9. Auch wenn es Ihnen jetzt schwer fallen sollte, gehen Sie langsam auf das kleine Kind

zu, breiten Sie die Arme aus und nehmen Sie es auf.

10. Verharren Sie einige Augenblicke in dieser innigen Umarmung. Sagen Sie Ihrem inneren Kind, dass Sie es annehmen, so wie es ist, und es sehr lieben.

Diese Aussöhnung mit dem inneren Kind ist ein wichtiger Bestandteil, um mit dem höheren Selbst Kontakt aufzunehmen. Denn nur wer sich selbst liebt, ist auch in der Lage, andere zu lieben; wer sich akzeptiert, so wie er ist, der kann auch andere akzeptieren. Wer mit sich in Harmonie lebt, wird auch harmonisch mit anderen umgehen. Wer liebevoll und zärtlich mit sich ist, wird auch liebevoll und zärtlich zu seinen Mitmenschen sein. Wer inneren Frieden und Ruhe in sich trägt, kann dieses Geschenk auch nach außen tragen. Wer bereit ist, Liebe zu geben, der kann auch Liebe empfangen.

Unsere Seele und das höhere Ich bestehen aus reiner Liebe, Verständnis und dem Bewusstsein, mit allem verbunden zu sein. Beide sind an das Universelle (Gott) angeschlossen (Sender und Empfänger).

Werden Sie sich bewusst, dass Sie ein Teil dieser universellen Kraft (Gott) sind, im Ursprung leuchtend, rein, klar, liebevoll, einfach göttlich.

Ja, Sie haben richtig gelesen, Sie sind göttlicher Natur, und sollte einer von Ihnen jetzt im Stillen das Wort Blasphemie auf den Lippen haben, so sage ich Ihnen: Kommt Ihnen der Satz »Wir sind alle Gottes Kinder« nicht bekannt vor? Und ist ein Kind nicht ein Teil der Eltern?

Die Liebe

Schauen wir gemeinsam den Begriff »Liebe« an. Dazu sprechen Sie das Wort mehrere Male mit unterschiedlicher Lautstärke und Stimmlage aus - und zwar so lange, bis es für Sie innerlich im wahrsten Sinne des Wortes stimmig ist.

Ein schönes Wort - und was man alles damit verbinden kann: die Liebe zu einem Menschen, die Liebe zu Tieren, die Liebe zur Umwelt, die Liebe zu Gegenständen ... Vor allem ist es erstaunlich, was aus dieser Liebe alles erwachsen kann: Verständnis, Mitgefühl, Wertschätzung, Zärtlichkeit, Eifersucht, Egoismus, Besitzstandswahrung, Sucht, Gier, Hass.

Ach so, Sie denken Hass gehört nicht zur Liebe, dann muss ich Sie leider enttäuschen. Hass ist die »höchste Form« der Liebe, nur im negativen, im gegenpoligen Sinne, eben die andere Seite der Medaille, denn wir leben in einer dualen Welt. Ohne vorangegangene Liebe im Positiven kann kein Hass entstehen.

Schauen Sie doch nur einmal die vielen Partnerschaften an, in denen täglich das Ego und die Macht über den anderen im Namen der Liebe regiert. In unserer zerstörerischen, egoistischen Art wird auch unsere Umwelt ausgebeutet und systematisch zugrunde gerichtet. Ein anderes Beispiel: Jeder dritte Bundesbürger ist, laut Statistik, im Besitz eines Haustieres und gibt damit offenkundig seine Liebe zum Tier kund. Aber denken diese Leute auch an eine artgerechte Haltung, wenn sie Fleisch oder Wurst einkaufen und diese dann kiloweise in sich hineinschlingen?

So ist der Mensch durch seinen Filter, den implantierten Virus, wie ich ihn nenne, geworden. Er hat es im Laufe der Zeit tatsächlich geschafft, vieles Gute im Dienste seines Egoismus, seiner Macht über andere und für seine Gier in negative Energie zu verwandeln.

Das Ego ist der Ursprung dessen, was wir heute zumeist vorfinden. Aus ihm resultieren alle uns nicht dienlichen Attribute wie Eifersucht, Verletzungen, Gier, Macht, Geltungsdrang, Rache oder Ähnliches. Überlegen Sie selbst, was dem Ego alles entspringt.

Legen Sie das Buch weg, denken Sie über meine Worte nach und schauen Sie sich Ihr näheres und weiteres Umfeld an: sich selbst, Ihre Familie, Ihre Verwandten, Freunde, Bekannten, Nachbarn, Chefs und Kollegen. - Ist da die Welt noch vollständig in Ordnung? Sind Sie in der Lage, all diesen Menschen frei von jeglichen, negativen Gedanken und Vorurteilen zu begegnen, sie zu umarmen und ihnen zu sagen: »Du bist ebenso göttlichen Ursprungs wie ich. Ich liebe dich so, wie du bist, und ich nehme dich an mit all deinen Stärken und Schwächen!«?

Wenn Sie das können, nehmen Sie das Buch, und verschenken Sie es, denn dann haben Sie den Grundstock für Ihr Glück gelegt - und alles andere wird fließen.

Ich sende Ihnen all meine Liebe und wünsche Ihnen alles Gute, vor allem Gesundheit ...

Es gibt viele Formen der Liebe, Mutterliebe, die Liebe zwischen zwei Menschen, die Liebe zum

Tier, zur Natur ... Aber egal, welche Liebe Sie praktizieren, es versetzt Sie in positive Schwingungen, und diese Schwingungen werden von allen anderen aufgenommen und reflektiert.

Erinnern Sie sich, wir geben unsere Schwingungen in das morphogenetische Feld und sind synergetisch verbunden mit allem. Es gilt die Macht der Anziehung: Was Sie senden, das werden Sie erhalten. Stellen Sie sich das ganz einfach so vor: Sie stehen vor einem Berg und rufen: »Mir geht es schlecht.« Dann erhalten Sie vom Echo die Antwort: »Geht es schlecht, geht es schlecht, es schlecht, schlecht.« – Rufen Sie aber: »Ich liebe dich!«, dann erhalten Sie zur Antwort: »Ich liebe dich, liebe dich, liebe dich!«

Schon ein altes Sprichwort sagt: Wie man in den Wald hineinruft, so schallt es wieder heraus ... Und die kosmischen Gesetze funktionieren nicht anders – senden Sie daher Gutes aus, und denken Sie vor allem positiv, damit auch Gutes zu Ihnen zurückkommen kann.

Das Wichtigste aber ist: Lernen Sie, sich selbst zu lieben, denn Sie sind göttlicher Abstammung. – Wenn Sie sich nicht lieben, werden Sie nicht in der

Lage sein, Liebe zu geben oder zu empfangen, und Sie werden dann auch nicht die Verbundenheit mit Ihrer Umwelt wahrnehmen.

Einige Menschen führen in erster Linie eine Partnerschaft, weil sie sich im Unterbewusstsein erhoffen, dass der Partner ihnen das geben wird, was sie sich selbst nicht geben können, wie z.B. Liebe, Anerkennung, Geborgenheit, Zuwendung, Zärtlichkeit und Selbstwertgefühl. Doch das ist der falsche Weg, denn eine Partnerschaft sollte dazu da sein, um zu geben und um den Prozess der Selbsterkenntnis zu fördern.

Lernen Sie sich zuerst lieben, und Sie werden feststellen, dass Ihre Selbstliebe Sie heilen wird.

Stellen Sie sich nackt vor einen Spiegel, und betrachten Sie sich. Nehmen Sie sich an mit all Ihren Stärken und Schwächen. Schauen Sie dazu Ihr Spiegelbild an, und sagen Sie: »Ich liebe dich, so wie du bist.«

Wenn Sie das ohne Mühe hinbekommen, haben Sie einen wichtigen Schritt hin zum liebenden Menschen absolviert. Ich beglückwünsche Sie voller Liebe dazu.

Arbeiten Sie weiter an sich ...

Die Macht der Liebe

Liebe ist die stärkste Macht, die wir haben, und da wir göttlichen Ursprungs sind, steht uns diese auch immer zur Verfügung.

Versuchen Sie sich doch einfach zu sensibilisieren. Werden Sie eins mit dem höheren Selbst, und fühlen Sie Ihre Liebe. Koppeln Sie sich im meditativen Zustand an das Universelle (Göttliche) an, und bitten Sie um das Bewusstsein, das Göttliche in Ihnen zu fühlen, die innere Verbundenheit zum Universum, zu allen Menschen, Tieren und Pflanzen. Bitten Sie um den Glauben an sich, an die Umwelt und an das Göttliche. Bitten Sie, dass die Last des Tages, der Druck, die Verpflichtungen und all die anderen lästigen, uns vergiftenden Merkmale unseres Seins sich auflösen.

Ich weiß, was Sie jetzt denken: »Der hat leicht reden ...« Doch wer sagt Ihnen, dass das bei mir nicht noch schlimmer war? Sehen Sie, mein Leben war geprägt von Problemen, und ich habe mich durch meinen Glauben davon befreit. Ich war einfach nicht mehr gewillt, nach den Spielregeln der anderen zu spielen. Systematisch habe ich Zug um Zug mein Leben anders gestaltet, und Sie können versichert sein, dass dies kein Sonntagsspaziergang war ...

Ich begann, mir täglich, trotz eines damaligen nerven- und zeitraubenden Berufes, die Zeit zu nehmen, um autogenes Training zu üben, was eine ziemliche Tortur für mich war. Doch es dauerte nicht sehr lange, bis sich die ersten Erfolge einstellten. Ich fand Gefallen daran und merkte, dass ich auf diese Art und Weise zu einer Entspannung fand, wie ich sie früher nie kennen gelernt hatte. Man stößt plötzlich an einen Punkt, an dem man alles, was hier ist, in Frage stellt. In einer Metapher gesprochen: Man steigt aus dem Karussell des Lebens aus, stellt sich als Zuschauer daneben und beginnt, dem kreisenden Schauspiel unbeteiligt zuzuschauen. Dann fällt der Vorhang, und Sie fragen sich, warum Sie das so lange mitgemacht haben, warum Sie sich haben versklaven lassen. Sie erkennen, dass viele Menschen um Sie herum nur Marionetten sind, plan- und ziellos, ohne den Sinn des wahren Lebens zu erkennen.

Fernsehen, Musikvideos, Internet, Videospiele, schauen Sie sich doch um. Es wird alles getan, um Sie nach einem stressigen Tag in eine virtuelle Welt zu entführen, damit Sie sich ablenken können. Ablenken von sich selbst. Es wirkt wie eine Droge und ist so entspannend ... Nur keine Selbstanalyse, nur nicht nachdenken. Warum, glauben Sie, sind der Fernseher und das Internet die größten Beziehungskiller, die wir haben? Wo findet denn Kommunikation heute noch statt?

Ich gebe Ihnen mein Wort, wenn Sie dies alles erkannt haben und der Filter entfernt ist, dann ist ab diesem Zeitpunkt nichts mehr so, wie es vorher war. Sie werden jetzt vielleicht schmunzeln, aber es ist, wie ich es Ihnen sage. Als ich meine Erweckung hatte und meine innere Einstellung verändert habe, war innerhalb von einigen Tagen mein Leben wie verwandelt:

Mein zwölf Jahre anhaltender Schnupfen, ja, Sie lesen richtig, zwölf Jahre, weg.

Meine Schlaflosigkeit - wie weggeblasen.

Meine Schokosucht - weg.

Meine fehlende Zentriertheit - ich bin inzwischen so ausgeglichen wie eine Waage.

Meine Fernsehsucht - wenn ich die Flimmerkiste schon sehe, bekomme ich Zustände.

Fastfood, schlechte Ernährung - was ist das? Ich ernähre mich nur noch vollwertig.

Fleisch, Wurst, Fisch - schon der Gedanke ekelt mich an.

Das Schönste aber war, ich habe begonnen, mich selbst zu lieben.

Verstehen Sie, was ich meine?

Stellen Sie sich jetzt einmal vor, Sie hätten diese Barriere schon überwunden und könnten grenzenlose Liebe für das Universelle, die Natur, alle Menschen, Tiere und Pflanzen empfinden. Alles, was Sie sagen, wäre reinen Ursprungs, wertungsfrei und würde Liebe, also positive Schwingungen enthalten. Sie wären frei von physischen und psychischen Leiden, es gäbe keinen Stress, keinen Zeitdruck, und jeder Tag wäre ein neues Geschenk. Alles, was Sie anfangen, würde goldene Früchte tragen.

Geht nicht, sagen Sie? - Sehen Sie, Sie zweifeln noch immer, und das Implantat, das Sie zur Marionette macht, ist noch immer in Ihrem Gehirn eingepflanzt ...

Ich sage Ihnen, es funktioniert, und ich bin das lebende Beispiel dafür. Ich lebe danach und das sehr gut, auch wenn meine Transformation noch nicht abgeschlossen ist und ich täglich aufs Neue lerne.

Entzünden Sie Ihr Feuer der Liebe, kommen Sie zu Ihrem Ursprung zurück, zu Ihrer Vollkommenheit, zu Ihrer Göttlichkeit.

Sie werden jeden Tag neue Wunder erleben, das Wunder der Liebe. Sie werden ein Lächeln senden und Lachen ernten. Menschen werden auf Sie zugehen, sich lösen von Hemmungen und Zweifeln. Sie werden diese Liebe aussenden in Ihr komplettes Umfeld und so eine ganz andere, neue, bessere Lebensqualität erhalten.

Sie können alles transformieren und umwandeln.

Wenn Sie diese Stufe erreicht, Ihr höheres Selbst gefunden haben, dann haben Sie den Sinn des Lebens erkannt. Wissen Sie, was das Schöne daran ist? Wenn Sie so positiv ausgerichtet sind oder solch eine hohe Eigenschwingung haben, dann kann Ihnen niemand mehr wehtun, Sie beleidigen oder Sie verbal treffen. - Das ist eine wunderbare Sache, denn wenn Sie in der Lage sind, Situationen frei zu analysieren, auf allen Ebenen, dann werden Sie erkennen, wie weit Sie Ihr Ego transformiert haben.

Wie heißt es so schön ... Sie stehen über den Dingen. Stellen Sie sich das alles einmal bildlich vor, lassen Sie sich in diese Welt entführen. - Spüren Sie, wie warm es Ihnen dabei ums Herz wird, wie die Seele vor lauter Freude bei diesen Gedanken hüpft und Kraft schöpft, wie die Schmetterlinge wie wild in Ihrem Bauch fliegen, wie aus der Mitte Ihres Herzens ein Licht in jede Zelle Ihres Körpers gebracht wird, wie eine Zufriedenheit sich in Ihnen ausbreitet und wie Sie das immer mehr in Ihnen aufsteigende »Sein« wahrnehmen.

Dieses Gefühl nennt man glücklich sein. - Glücklich im Urzustand, vereint mit allem.

Das sind Sie, lieber Leser, vereint mit Ihrem höheren Selbst, mit Ihrer Vollkommenheit, Ihrer Göttlichkeit. Halten Sie dieses Gefühl fest, und lassen Sie es nicht mehr los. Sie brauchen nichts und niemanden, um dieses Gefühl zu erhalten. Sie haben alles und sind mit allem verbunden.

Diese Liebe, dieses Glück nennt man den Zustand des »Seins«, und dieses zu erreichen, das sollte Ihr tägliches Bestreben sein.

Was Liebe macht

Ich möchte an dieser Stelle nicht mehr auf die zerstörerische Wirkung irdischer Liebe eingehen. Sie kennen es selbst oder haben am eigenen Körper die Machenschaften dieser so genannten Liebe erfahren. Ich will Ihnen stattdessen von der göttlichen Liebe, von der allumfassenden Macht, die tief in uns verborgen ist, erzählen und hoffen, dass Sie davon berührt werden.

Liebe - ein Wort, eine Frequenz, eine Schwingung, die alles Positive beinhaltet, die grenzenlos ist, ohne Anfang und Ende, zeitlos, eine Flamme, so hell und leuchtend, wie Sie es sich nicht vorzustellen vermögen, so machtvoll, so anziehend, dass es fast unmöglich ist, sich ihr zu entziehen, wenn man sich ihr öffnet.

Liebe macht, dass wir im Bewusstsein leben,
um in allem und mit jedem verbunden zu sein.

Liebe macht uns sehend,
hörend und fühlend.

Liebe macht uns stark im Glauben,
fördert Gemeinsamkeit und Verbundenheit.

Liebe macht glücklich und zufrieden.

Liebe macht frei und heilt uns.

Liebe kennt keine Abhängigkeit.

Liebe kennt keine Kompromisse.

Liebe macht selbstlos, sie kennt keinen Preis.

Liebe beengt uns nicht,
sie lässt Freiraum und Freiheiten zu.

Liebe nimmt jeden so an,
wie er ist, sie versucht nichts zu verändern.

Liebe ist wertfrei und
achtet die Grenzen des anderen.
Liebe verzeiht und vergibt.

Liebe respektiert und achtet.

Liebe macht uns tolerant.

Liebe kennt keinen Egoismus.

Liebe ist offen und ehrlich.

Liebe gibt Geborgenheit und Wärme.

Liebe baut Brücken und überwindet
Hindernisse.

Liebe kennt keinen Schmerz.

Liebe macht Fülle,
und Fülle beschert Reichtum.

Liebe macht uns vollkommen.

Liebe straft und verurteilt nicht.

Liebe lässt andere wachsen und
hält sie nicht klein.

Liebe kennt keine Bedingungen.

Liebe lässt den anderen sein, wie er ist.

Lieber Leser, wenn Sie bei all diesen Aufzählungen jetzt ein flaues Gefühl im Magen haben und denken, mit dem einen oder anderen bin ich nicht ganz einverstanden, dann bedenken Sie bitte Folgendes: Jeder Mensch, der Ihnen begegnet, spiegelt sie wider. Sie sollten sich angesichts der Missstimmung wegen Ihres Gegenübers also immer fragen, wo die Ursächlichkeit des auftretenden

Problems liegt. Es wäre hilfreich zu schauen, ob es an Ihrer Erwartungshaltung, Ihrem Ego, Ihrem Stolz oder an Ihrem verletzten Ich scheitert. Es ist leicht, den Staub und Dreck bei anderen zu sehen, doch leider vergisst man deshalb sehr leicht, vor der eigenen Haustüre zu kehren. Allzu gerne machen wir unsere Mitmenschen für die eigenen Probleme, Sorgen und Nöte verantwortlich. Wir verurteilen, sprechen schuldig, und oftmals endet es, wenn der Schmerz am größten wird, damit, dass wir im sprichwörtlichen Sinne damit beginnen, den so genannten Schuldigen zu steinigen oder gar zu kreuzigen.

Alles, was Sie im Außen negativ berührt, seien es nun Verhaltensweisen anderer, die schlechte Emotionen in Ihnen hervorrufen, oder Ähnliches, sind Selbstspiegelungen. Sie sehen in Ihrem Gegenüber Ihre eigenen Schattenseiten und versuchen, dagegen anzukämpfen. Aber ich sage Ihnen, das ist ein Kampf gegen Windmühlen, den Sie nicht gewinnen können.

Es steht Ihnen nicht zu, Ihre Mitmenschen zu verändern!

Verändern Sie sich selbst!

Beenden Sie Ihr Leiden, indem Sie Ihre eigenen Schmerzen und Schuldgefühle erkennen, deren Ursache erforschen und diese anschließend in Liebe auflösen. Dieses gilt übrigens auch für KRANKHEITEN. Hören Sie auf, Ihren Körper und dessen Krankheit zu bekämpfen, sondern treten Sie beiden in Liebe entgegen. Ich fordere Sie auf, Ihre lieblosen Absichten gegen sich oder andere einzustellen. Ihr einziger und größter Gegner ist die Angst. Lösen Sie auch diese Angst in Liebe auf, denn sie ist nichts anderes als verletztes Ego. Vergessen Sie nie: Alles, was Sie bekämpfen, setzt sich zur Wehr und wird stärker. Doch wenn Sie mit sich im »Reinen« sind, dann können Sie den anderen einfach nur sein lassen.

Wachsen Sie mit jeder Herausforderung, und lassen Sie die anderen einfach sein; vergessen Sie nie: Schmerz ist Ego. Überlegen Sie einmal in aller Ruhe, ob wahre Liebe in der Lage ist, zu richten, zu urteilen oder gar zu strafen. Wenn Sie lieben, dann akzeptieren Sie die anderen, wie sie sind, und finden Sie in die Ruhe! Spüren Sie, was die göttliche Liebe macht, glauben Sie an sich und diese Liebe in Ihnen.

Lernen Sie zu vergeben und zu verzeihen, denn wahre Liebe ist Vergebung. Ich meine damit in erster Linie, dass Sie sich selbst vergeben sollen - und dann den anderen. Sie messen Ihren Mitmenschen meist ohnehin eine zu große Bedeutung bei und vergessen dabei ganz, auf sich selbst zu achten. Als Kind schon haben Sie gelernt, sich nur dann wertzuschätzen, wenn Ihr Umfeld positiv auf Sie reagierte. Von frühester Kindheit an wurde Ihnen vermittelt, dass Ihr eigener Wert von außen bestimmt wird. Ihr persönliches Empfinden wurde hierbei wahrscheinlich oftmals außer Acht gelassen. Zu wenig empfangene Liebe und Verständnis in der Kindheit sind sehr häufig ein Grund für tief liegende Verletzungen. Sie werden aber feststellen, dass man Ihnen dennoch suggerieren will, genug Liebe, Verständnis und Aufmerksamkeit bekommen zu haben. Ich frage Sie an dieser Stelle: »Wer nur ist denn in der Lage, dieses zu beurteilen?« Ich denke doch, nur Sie selbst. - Dieses über viele Generationen vorliegende Verhaltensmuster wird aber leider bis heute nur allzu gerne anerzogen.

Wenn Sie beginnen, bedingungslos zu lieben, dann werden Sie verstehen, dass Ihnen nichts gehört und Sie auch nichts festhalten dürfen. Sie werden dann weder sich noch Ihren Mitmenschen Grenzen setzen und jedem den Freiraum gewähren, den der andere benötigt. Sie werden erkennen, dass Liebe keine Abstufungen kennt und keine Fesseln benötigt.

Wenn Sie diesen Punkt erreicht haben, dass Sie erkennen, was wahre Liebe ist, dann wird sich auch Ihre Umwelt verändern. Fragen Sie sich in diesem Zusammenhang bitte auch einmal, ob es für Sie nicht Zeit wird, Ihr Bild über einen richtenden, strafenden und urteilenden Gott, der etwas fordert, zu überdenken ...

Ich sende Ihnen für diesen Schritt all meine Liebe und göttliches Licht.

Der Glaube

Ich habe im Verlaufe dieses Buches immer wieder an Sie appelliert, dass Sie stark sein sollen im Glauben. Damit meine ich nicht den Glauben an die Kirche, sondern den Glauben an sich, die Umwelt und an das Universelle (Gott). Zunächst aber will ich Sie mit dem Wort »Gott« konfrontieren, weil ich weiß, dass viele Menschen damit ein Problem haben.

Ich übe einen lehrenden und heilenden Beruf aus, der mich täglich mit Menschen unterschiedlichen Alters und unterschiedlicher sozialer Herkunft konfrontiert. Sehr viele dieser Menschen haben ein Problem mit Gott und geben auch offen zu, einen solchen nicht anzuerkennen. Sie bezeichnen sich schlichtweg als Agnostiker oder Atheisten. Für mich ist es immer wieder eine Freude, wenn ich voller Liebe im Verlaufe eines vertiefenden Gespräches an die Stelle stoße und dann offen kundgetan wird, es gibt da ja schon so eine treibende Energie, aber mit Gott habe das nichts zu tun, oder man glaube an die Umwelt, die Tiere, die Pflanzen und an all die anderen Lebewesen, nur Menschen, an die glaube man nicht ...

Sehen Sie, wenn ich jetzt wieder davon ausgehe, dass alles einen Ursprung und eine treibende Kraft hat, sowie dass Universum, Umwelt, Tiere, Pflanzen und Mineralien ebenso göttlicher Natur sind und an Menschen nur nicht geglaubt wird, weil tief greifende Verletzungen vorhanden sind, dann sprechen wir doch wieder eine Sprache und reden von ein und demselben, nämlich von Gott. Ich betone es an dieser Stelle noch einmal: Hier liegen lediglich Verletzungen vor, und Gott wird mit der Kirche oder Ähnlichem assoziiert.

Sollte Ihr Schmerz darin begründet liegen, dass eine Ihnen liebgewordene Person in irgendeiner Weise nicht mehr anwesend ist, so bitte ich Sie, stellen Sie nachfolgende Überlegungen an: Hat diese Seele vielleicht ihren Auftrag mit Ihnen durch ihr Weggehen erledigt? Ist es nicht auch Egoismus, eine Person nicht in Liebe und Frieden ziehen zu lassen? Steht es mir zu, jemanden zu halten? Ist dieses Weggehen nicht ein weiterer Schritt in meinem Lernprozess? Haben sich dadurch nicht meine Aufgaben verändert? Ist es nicht die höchste Form der Liebe, einen anderen gehen zu lassen?

An dieser Stelle sollten Sie einfach darüber nachdenken und in sich hören. Denken Sie auch einmal daran, es gibt Länder, da wird der Tod als Erlösung gefeiert, und man freut sich.

Denken Sie an Ihren Filter.

Ich bin für mich davon überzeugt, dass alle Menschen an ein und denselben Gott glauben und dass dieser Gott, diese positive, mit purer Liebe geladene Energiequelle existent ist. Wenn ich die fünf großen Glaubensrichtungen betrachte, so ist der Ursprung immer Gott. Jede dieser Religionen hat ihren Sohn Gottes, aufgestiegenen Meister oder wie auch immer Sie es nennen wollen. Für die abendländische Welt ist es Jesus, für die morgenländische Kultur ist es Mohammed und für die asiatische Region ist es Buddha. Es ist daneben schon auffällig, dass in nahezu jeder Glaubensrichtung dieselben ethischen Grundregeln als Gebote angesehen werden, beispielsweise die 114 Suren des Korans, die der Bibel im Sinn fast bis ins Detail gleichen. Auch die Lehren Buddhas, der ca. 500 Jahre vor Christus gelebt hat, waren vom Grundsatz her gleich. Für mich persönlich ist die buddhistische Lebensphilosophie die klarste und die dem Ursprung am nächstliegende Lebenseinstellung. Aber das muss jeder für sich selbst entscheiden, denn Sie haben wie immer in Ihrem Dasein die freie Wahl.

Es ist mir völlig klar, dass es für Sie sehr schwer ist, in manchen Situationen zu glauben, weil der Glaube an sich nichts Greifbares ist. Dem Agnostiker und Atheisten möchte ich an dieser Stelle folgenden Gedanken mit auf den Weg geben: Ist es nicht verwunderlich, dass alles Leben im Ursprung denselben Grundaufbau hat, und ist es nicht so, dass alles, selbst unser Universum, auf der Basis der atomaren Struktur aufgebaut ist? Von noch kleineren Elementen wie den Photonen möchte ich hier an dieser Stelle erst gar nicht beginnen ...

Vielleicht sollten sich gerade jene Menschen, die sich der Wissenschaft gewidmet haben, einmal mit der Frage konfrontieren: Was suche ich tatsächlich, wem oder was möchte ich begegnen, welchen Schlüssel suche ich?

Wäre es nicht möglich, dass alles, was jemals vorhanden war und ist, Gott verkörpert?

Wer sucht, der findet ...

Es ist schon eine Weile her, dass ich Sätze mit den Worten formulierte: »Ich glaube«. Heute weiß ich um die Macht meiner Worte, denn ICH BIN. Zudem ist mein höheres Selbst ständig mit der göttlichen Kraft verbunden. Sie verfügen über die gleichen Fähigkeiten, alles ungefiltert zu sehen.

Legen Sie daher Ihren Filter ab, löschen Sie den implantierten Virus, kehren Sie zu Ihren Ursprüngen zurück, werden Sie sehend, hörend und fühlend.

Ich bitte Sie, erheben Sie sich, sagen Sie dem System, der Ungerechtigkeit, dem Egoismus, der Gier, der Gleichgültigkeit, der Versklavung, den veralteten Glaubensmustern und all den schlechten Energien, die Besitz von Ihnen ergriffen haben, den Kampf an.

Glauben Sie an das Gute in Ihnen, glauben Sie an sich,
glauben Sie an die Verbundenheit,
glauben Sie an einen Gott, der uns einfach »sein« lässt, dessen Liebe so unendlich groß ist, dass er weder fordert noch urteilt, geschweige denn richtet.

Beten Sie um den Glauben, um die Erleuchtung und dass Sie wie ein Fels in der Brandung stehen!

Vergessen Sie dabei nie, dass stets unendlich viele Helfer da sind, um Ihnen in dieser Phase Ihres Lebens zur Seite zu stehen. Diese wollen allerdings darum gebeten werden, denn wir haben uns für den freien Willen entschieden, und diese Wesenheiten, die ich persönlich Engel nenne, warten nur darauf, dass Sie um ihre Hilfe bitten, damit sie endlich unterstützend wirken können.

Gott hat uns nie allein gelassen, obwohl wir uns so weit von Ihm entfernt haben.

Sie werden mit Freude feststellen, dass Ihre Gebete immer erhört werden.

Das Gebet

Einnern Sie sich, ich hatte Ihnen versprochen, immer wieder mit Beweisen und Erklärungen aufzuwarten ... Nun, auch für das Beten gebe ich psychologische, naturwissenschaftliche und spirituelle Hintergründe an.

Beten ist in der heutigen schnelllebigen Wegwerf- und Konsumgesellschaft ein eher überflüssiger und zeitaufwendiger Prozess, der bedingt dadurch, dass kein hieb- und stichfester Beweis für dessen Nutzen vorhanden ist, meistens eher belächelt wird.

Seltsam und auffällig ist es aber, dass in Zeiten tiefer Not auch vehemente Gegner dieses Rituals sich an Gebete erinnern und den Himmel oder weiß Gott wen anrufen.

Gott ist gütig und gibt uns in seiner großen Liebe immer wieder eine neue Chance, aber erinnern

Sie sich an das Echo? Abgesehen davon, dass Sie ja nicht einmal wissen, wie Sie zu beten haben ...

Um die richtige Form des Betens zu erlernen, möchte ich Ihnen einige grundlegende Faktoren erläutern. Wir leben hier in einer so genannten Zeitblase. Albert Einstein hatte Recht: Raum und Zeit sind relativ ... Außerhalb dieser Zeitblase gibt es nur das Hier und Jetzt, den Augenblick, den so genannten Zustand des »Seins«. Wenn Sie nur Ihr Gebet beenden und Gott dann »amen«, d.h. »so sei es«, sagen, dann werden alle Gebete ihre Wirkung verfehlen.

Zum besseren Verständnis hier ein Beispiel: Wenn Ihr Kind krank ist, dann beten Sie: »Bitte, lieber Gott, mach mein Kind gesund!« Da Zeit nicht existent ist, macht Gott zwar, aber er macht heute, morgen, übermorgen und immerdar ...

Die richtige Form dieses Gebets würde lauten: »Lieber Gott, in Demut und Gnade bitte ich dich, mach mein Kind gesund. Mein Kind ist gesund. Danke Gott, dass du mein Kind gesund gemacht hast, dass mein Kind gesund ist.« Da Zeit nicht real ist und Gott zu dem Gebet am Ende »amen« sagt, heißt dies ausgesprochen, so sei es: Dein Kind ist gesund. In unserer Dimension bedeutet dies dann, dass der Heilungsprozess, der unter Umständen einen bestimmten Zeitraum benötigt, eingeleitet ist.

In den darauf folgenden Gebeten genügt es, immer nur für die Gesundheit zu danken.

Zusammenfassend kann man sagen, dass es ein einleitendes Gebet gibt, das alle drei Sätze beinhaltet:

1. die Bitte,
2. den Zustand,
3. den Dank.

Alles wird demnach so gebetet, als hätten Sie es schon erhalten.

Gebete und Danksagungen sollten daneben in meditativer Form geschehen. Für die anschließenden immer wiederkehrenden Danksagungen sollten Sie sich zwei bis drei Mal täglich Zeit nehmen.

Die meiste Kraft hat ein Gebet, wenn Sie die Worte »ICH BIN« vor die Eigenschaft stellen, um die Sie bitten, z. B.: ICH BIN gesund, ICH BIN glücklich ...

Ein kleiner Hinweis: Auch Jesus wusste um die Kraft der Worte: »ICH BIN«.

Schauen Sie einmal in der Bibel nach, ich bin mir sicher, dass Sie mehr als einmal fündig werden ...

Es ist wichtig, dass Sie beim Beten Ruhe haben und die Gebete aus dem Herzen kommen, wobei es völlig irrelevant ist, wo Sie beten. »Machet die Kirche lebendig.« Vielleicht kommt Ihnen dieser Satz ja bekannt vor. Ja, Sie sind das Haus Gottes und tragen Gott in sich.

Sie sollten sich Ihre Wünsche auch visualisieren. Stellen Sie sich also, um bei dem Beispiel des kranken Kindes zu bleiben, Ihr Kind gesund und munter vor. Malen Sie sich aus, was Sie dann gemeinsam unternehmen.

Versuchen Sie einmal, nur für das Ergebnis zu beten, das eintreffen soll, und überlassen Sie den Weg dorthin der göttlichen Führung. Schalten Sie dabei Ihren Verstand aus. Auch wenn Dinge, mit denen Sie dann nicht gerechnet haben, zuerst eintreffen, geben Sie nicht auf, denn oftmals müssen erst andere Situationen zum Vorschein treten oder erledigt werden, damit es zur vollen Wunscherfüllung kommen kann.

Auch hier ein Beispiel: In der Schulmedizin sowie in der Homöopathie, ja sogar bei meinen Heilungen in der Praxis, wo ich durch Handauflegen mit göttlicher Liebe (Biophotonenenergie) heile, kann es zuerst zu einer kurzen Überreaktion kommen, in deren Verlauf dann die endgültige Heilung einsetzt.

Seien Sie also stark im Glauben an das Gebet, und lassen Sie keine Zweifel aufkommen!

Denken Sie stets daran, dass Sie nur positive Worte verwenden, und richten Sie Ihre Gedanken auf das, was Sie möchten. Beten Sie in Demut und Gnade zum dreifaltigen Gott: Gott (Vater und Mutter), Sohn (wir Kinder Gottes) und Heiliger Geist (die verbindende Energie zwischen uns und dem göttlichen Feld). (Ja, Sie lesen richtig: Auch Gott Mutter, welche im Verlauf des mindestens 2500 Jahre andauernden Patriarchats vergessen wurde ...)

Fühlen Sie diese Erlebnisse!

Erinnern Sie sich an den Satz in der Bibel: »Herr, sprich nur ein Wort, so wird meine Seele gesund.« Der Glaube versetzt Berge.

Gott ist voller Liebe und Güte und möchte, dass es uns gut geht. Darum können wir aus der Fülle schöpfen und alles, worum Sie bitten, wird in Erfüllung gehen.

Dem spirituellen Leser brauche ich den Sinn des Gebetes und die Hilfe der Engel nicht zu erläutern, er glaubt.

Den Psychologen sage ich: Das Gebet ist eine ständige Selbstaffirmation.

Den Naturwissenschaftler bitte ich, an das morphogenetische Feld zu denken, an das Echo bzw. an die magnetische Wirkung, an den Fluss der Ionen, um die Wirkungsweise von Gebeten verstehen zu können.

Welche Grundlage Sie persönlich als Ausgangspunkt Ihres Gebetes ansehen, ist Ihre Sache. Sie haben wie immer die freie Wahl. Ich wünsche mir nur eines, und bitte für Sie: Beten Sie im Vertrauen und im Glauben an Gott. Dazu brauchen Sie keine Kirche, denn Gott ist in Ihnen, in jedem Menschen, in jedem Tier, in jeder Pflanze und in jedem Mineral. Alles, was Sie mit dem Auge schauen, ist Schöpfung und somit Gott.

Er sieht Sie und hört Ihr Gebet überall.

Beginnen Sie mit Ihren Gebeten, und seien Sie sich der Macht Ihrer Worte bewusst.

Der einfachste Weg ist, wenn Sie zu Beginn einfach um den Glauben, um das Gottesverständnis (Erweckung) bitten. Seien Sie stark in diesem Glauben, wie ein Fels in der Brandung.

Bitten Sie auch Ihre Engel um Unterstützung. Eines dieser göttlichen Wesen begleitet Sie immerhin täglich als Ihr Schutzengel.

Dreifaltigkeit

Die Fesseln

Ich möchte in aller Deutlichkeit betonen: Der Glaube an sich ist eines der schönsten Geschenke, aber nicht das machtbesessene und kontrollierende System, das dahintersteckt und uns den wahren Einblick verweigert. Ich glaube, doch dazu brauche ich persönlich keine Kirche. Diese Fesseln habe ich schon lange gelöst.

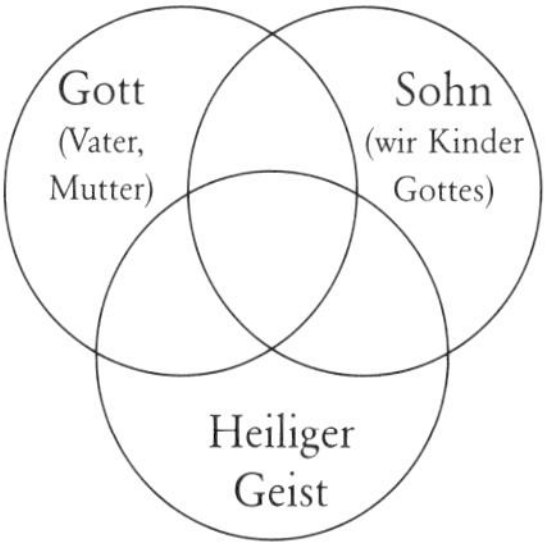

Seit Jahrtausenden hat man dem Menschen systematisch eingeimpft, schlecht und von Gott getrennt zu sein. Es wurden Lehren von einem fordernden, richtenden, verurteilenden und strafenden Gott verbreitet. Mit dem Teufel hat man den Menschen gefügig gemacht und ihn in Angst und Schrecken versetzt. Überprüfen Sie es doch selbst am täglichen Leben, wie häufig Sie verschiedensten Mustern, die Ihnen anerzogen wurden, folgen.

Haben Sie schon einmal den Teufel gesehen? Ich nicht, aber Sie sind vielleicht trotzdem mehr geneigt, an die Existenz des Teufels zu glauben als meinen Worten.

Doch ich glaube, dass der einzige Teufel, den es gibt, in Ihnen steckt: das Ego.

Wenn Ihr Gehirn sagt, ich glaube nur das, was ich sehe. Gut, dann lassen Sie es. Es zwingt Sie keiner. Doch ich weiß, dass Ihr Gehirn Ihnen sagt, was Sie sehen sollen, und das Auge wird durch Ihr Gehirn getäuscht.

Nehmen wir als Beispiel den Kolibri: Dieser Vogel verfügt flugtechnisch über dieselbe Eigenschaft wie ein Helikopter. Er steht scheinbar schwebend in der Luft. Diese Fähigkeit besitzt er, weil sein Flügelschlag eine Frequenz von ca. 80 Schlägen pro Sekunde hat. - Unser Auge kann nach unserem Wissen diese schnelle Folge von Bewegungen nicht wahrnehmen, aber trotzdem glauben Sie zu wissen, dass die Flügel sich bewegen. Der Grund hierfür ist ganz einfach: Man hat es Sie so gelehrt, und daher sehen Sie, was Sie sehen sollen.

Erinnern Sie sich an das Quarterhorse? Informationen und Handlungsabläufe werden immer wieder eingetrichtert und manifestieren sich dann als Erbinformationen in den Genen.

Ich könnte jetzt einfach sagen, wir sind überzüchtet und getäuscht worden, doch die Verantwortung tragen Sie, lieber Leser, immer selbst, weil Sie Teil des Ganzen sind. Mit jeder Seite, die Sie lesen, können Sie sich dem nicht mehr entziehen.

Ich fühle in Liebe, dass Sie alles, was ich bisher zu Ihnen gesagt habe, verstanden haben. Deshalb bitte ich Sie: Schauen Sie nicht länger zu. Sie haben die Möglichkeit, sofort einen anderen, selbstbestimmten Kurs zu wählen. Im Hier und Jetzt.

»Die Zukunft ist in der Gegenwart schon die Vergangenheit, und wenn für einen Augenblick die Zeit stillsteht, ist im nächsten nichts mehr, wie es vorher war.

Darum lass' die Vergangenheit ruhen und akzeptiere sie, denn sie ist ein Teil von dir, und lebe so in der Gegenwart für die Zukunft, damit du in der Vergangenheit nichts bereuen musst.« - Leben Sie im Hier und Jetzt! Immer, jeden Augenblick des Lebens.

Egal was Sie denken oder tun werden, eines steht auf jeden Fall fest: Gott trifft keine Schuld, denn er lässt dem Menschen immer und jederzeit die freie Wahl.

Auch jetzt!

Glauben Sie mir, oder lassen Sie es. Nur Sie alleine müssen mit dieser Entscheidung leben. Ich habe mich entschieden.

Das Umdenken

Lieber Leser, ich bin mir sehr wohl bewusst, wie schwer dies alles für Sie ist. – Da kommt jemand, den Sie nicht einmal kennen, und will Ihnen die Welt erklären. Sie fühlen vielleicht sogar etwas, das Ihr bisheriges Weltbild und Ihre Ansichten erschüttert – aber trotzdem bleiben noch Zweifel bestehen.

Ich kann Ihnen hier im Moment nur insofern helfen, als dass ich versuche, Ihnen die Ganzheitlichkeit einleuchtend zu erklären. Vielleicht ist es ein kleiner Trost, wenn ich Ihnen sage, es gibt kein »Richtig« und kein »Falsch«. Stellen Sie sich das Leben als eine Reiseroute mit Start und Ziel vor. Sie (Ihre Seele) haben den Auftrag, innerhalb einer festgelegten Zeit Ihr Ziel zu erreichen. Dies ist gleichzeitig auch der Sinn Ihres Lebens, wohlgemerkt:

Ihres Lebens, und nicht der eines anderen. Deshalb muss der für Sie kürzeste Weg nicht die optimale Route für den anderen sein. Sie gehen also von Geburt an Ihren Weg, der erschwert wird durch so manche Hindernisse, und über Ihnen liegt zudem noch der Schleier des Vergessens. Sie kommen an vielen Kreuzungen vorbei und haben immer die freie Wahl des Weges. Manchmal biegen Sie dann ganz einfach ab und denken, dies sei der kürzeste Weg. Irgendwann entpuppt sich dieser dann vielleicht als Umleitung oder Sackgasse, doch viele Wege führen zum Ziel, sagt ein altes Sprichwort, und wenn Sie Ihr Leben beobachten, werden Sie immer wieder auf den richtigen Weg gebracht. Wenn Sie nichts dazu gelernt haben, werden Sie mit demselben Problem so lange konfrontiert, bis Sie gelernt haben, einen anderen Weg zu gehen. Das kann dazu führen, dass manche Menschen sich ein Leben lang im Kreis bewegen und sich nicht weiterentwickeln oder, um bei unserer Metapher zu bleiben, ihren Weg nicht fortsetzen. Manchmal kommt man auch einfach so weit vom Weg ab, dass man sich hoffnungslos verirrt und das Ziel aus den Augen verloren hat.

Ja, lieber Leser, sehen Sie, das ist der Grund, warum ich dieses Buch schreibe.

»ICH BIN« Ihr Navigationsgerät und möchte Sie auf Ihren ganzheitlichen, ursprünglichen und göttlichen Weg zurückbringen.

Das Geheimnis des Glücks

Erinnern Sie sich noch an das Märchen zu Beginn des Buches und an die beiden Pyramiden? An das Dreieck der Liebe und das Dreieck der Gesundheit?

Ganz kurz zur Erinnerung:

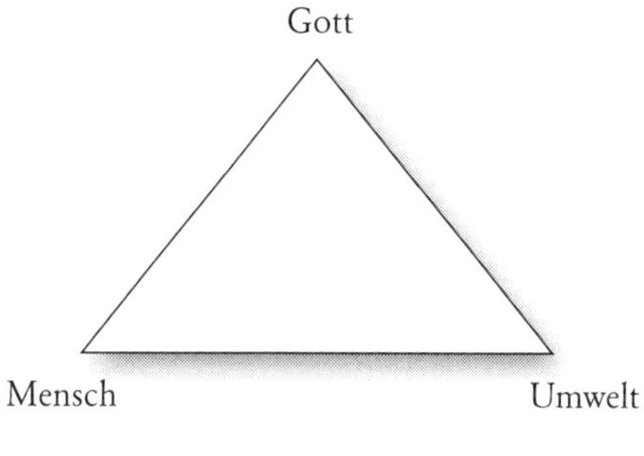

Erstens gab es das Dreieck der Liebe, das ist das Bewusstsein der inneren Verbundenheit zwischen Gott, der Umwelt und dem Menschen.

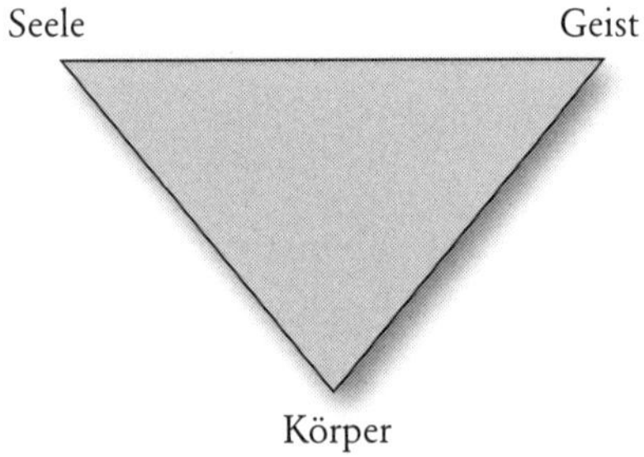

Zweitens haben wir das Dreieck der Gesundheit, die Harmonie zwischen Körper, Geist und Seele.

Ich will Sie nun einweihen in das Geheimnis des einzig wahren Schlüssels zum Glück. Lassen Sie uns dazu nun gemeinsam die beiden Pyramiden verbinden.

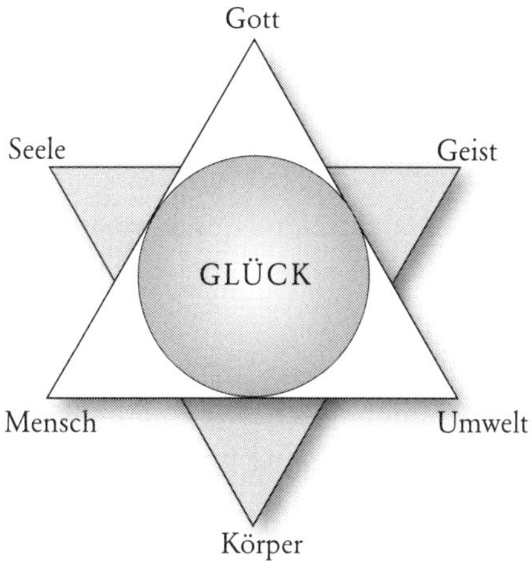

Hier sehen Sie den einzig wahren Schlüssel zum Glück: die Verbindung aus Liebe und Gesundheit, das Heilmittel für ein langes, erfülltes, zufriedenes Leben. Daneben: ganzheitliches Denken, das Gefühl, mit allem verbunden zu sein, und das Bewusstsein, dass jeder Teil göttlichen Ursprungs ist.

Schauen Sie sich in aller Ruhe dieses Symbol an, verinnerlichen Sie alle Elemente dieses Zeichens und fühlen Sie, welche Macht in ihm steckt.

Beherzigen Sie, was ich Ihnen sagte, fügen Sie einen Mosaikstein an den anderen, und formen Sie in sich dieses Bild. Ihre Seele kennt dieses Geheimnis schon lange, lüften Sie Ihren Schleier, legen Sie den Filter ab und werden Sie zu dem, was Sie immer schon waren: ein göttliches Wesen, verbunden mit allem, ein Wesen voller Liebe und Glück.

Werden Sie sich nun des nachfolgenden Satzes bewusst:

»ICH BIN DER ICH BIN.«

»ICH BIN«
(Leitsätze)

ICH BIN der ICH BIN und werde mir
dessen bewusst:
ICH BIN ein göttliches Wesen.
ICH BIN, was ich lebe.
ICH BIN, was ich tue.
ICH BIN, was ich spreche.
ICH BIN, wie ich handle.
ICH BIN, was ich denke.
ICH BIN, wie ich fühle.
ICH BIN, wie ich liebe.
ICH BIN, was ich esse.

♡

ICH BIN, wie ich mit mir, meinem Körper,
meinem Geist und meiner Seele umgehe.

♡

ICH BIN, wie ich mit meiner Umwelt umgehe,
mit jedem Menschen, mit jedem
Tier und mit jeder Pflanze.

Beginne den Tag in dem Bewusstsein »ICH BIN«, und danke dem Göttlichen, dass ICH BIN. Erkenne deine göttliche Abstammung und dass du ein Teil von Gott bist. Lerne, dieses zum Wohle aller zu leben.

Das höchste Gut des Menschen ist sein freier Wille, dies ist sein Geburtsrecht, und niemals, nicht einmal im Namen der Liebe, darf dieser Wille unterdrückt oder beschnitten werden.

Lebe die weibliche und männliche Seite in dir aus und bringe sie in Einklang zum besseren Verständnis der Geschlechter.

Sei dir der Macht deines Wortes und der
Handlungen, die du tust, stets bewusst,
deshalb erkläre stets deine Absichten.

♡

Sei dir im Klaren, dass schon allein
deine Gedanken Früchte tragen.

♡

Kehre in dich, und suche den Fehler immer
zuerst bei dir und nicht bei deinen Mitmenschen,
denn wenn sich dein Inneres verändert,
transformiert sich auch dein Umfeld!

♡

Gib durch dein Verhalten ein Beispiel vor,
denn deine Umwelt lernt von dir.

♡

Ein offenes Auge, ein offenes Ohr und
ein offenes Herz ersetzen jeden Verstand.

Handle mit Ruhe und Bedacht, dann kommt
die Ausgeglichenheit, und du findest deine Mitte.

Erkenne in allem, was ist, Gott. Demut,
Barmherzigkeit, Gnade, Dank und Liebe
sind die Wesenszüge, die du täglich der
Schöpfung und somit auch deinem Nächsten
entgegenbringen sollst. Indem du dieses
tust, achtest und ehrst du Gott.

Bedenke, dass du in allem auch dir begegnest
und merke, wenn du jemandem lieblos, feindselig,
hasserfüllt oder egoistisch begegnest,
begegnest du dir selbst so.

Oftmals wird die Lösung eines Problems
nicht erkannt, weil man denkt.
Darum löse deine Probleme mit dem Herzen
und nicht mit dem Verstand.

Überdenke wiederkehrende Verhaltensmuster,
sie sind oftmals ein Grund für ein tiefer
liegendes Problem.

Zeige Dankbarkeit für jeden Rat und jede
Hilfestellung, und prüfe, inwiefern es für dich
und deinen Weg nützlich und hilfreich ist.

Erkenne, dass jeder Mensch seinen
eigenen Weg gehen und somit seine eigenen
Erfahrungen sammeln muss, denn sie weisen
ihm sein Ziel. Darum erkenne die Göttlichkeit
in ihm - und lasse ihn gewähren.

♡

Es steht niemandem zu,
über einen anderen zu urteilen oder
gar zu Gericht über ihn zu sitzen.
Hast du dich geirrt, geh den Pfad zurück
bis zu der Stelle, wo du der Meinung bist,
gefehlt zu haben - und schlage dann
den anderen Weg ein.

♡

Unklarheiten sind mit einem
klärenden Gespräch zu bereinigen.

♡

In der Klarheit gibt es keine Notlüge,
wenn du dir deiner Sache sicher bist und deinen
Weg erkannt hast, dann bekenne dich auch dazu
- und alles, was dann nicht mehr zu dir gehört,
wird sich von dir lösen.

♡

Lass Licht in dein Leben, damit du die
Schatten erkennst. Nimm sie dankbar an,
und transformiere sie zu Licht.

♡

Halte dich und deine Umgebung rein,
löse dich von negativen Energien
oder Schwingungen.

♡

Nur wenn du dich löst von allen Mustern, von allen Schmerzen, von allem Leid, wenn du alles aufgelöst und losgelassen hast, dann wird innerer Frieden einkehren, dann wirst du Heilung erfahren und dich selbst erkennen:

ICH BIN.

Und nun?

Einige von Ihnen werden jetzt sagen: wenige Seiten, viel Inhalt, aber ich kann mit all dem nichts anfangen ... Für diese hoffe ich, dass sie auf einem anderen Weg zu sich finden. Ich wünsche ihnen Frieden, irdisches Glück und Gesundheit.

Dem Zweifler und Denker sage ich Dank, ich würde wahrscheinlich auch nicht blind vertrauen und stattdessen prüfen, wie weit uns unsere momentanen Glaubensgrundsätze gebracht haben. Wir haben lange genug erfolglos die Auswirkungen bekämpft. Es wäre eine Überlegung wert, ob unsere jetzige Form der Spiritualität, die unser gesamtes Leben, ja genauer gesagt die ganze Welt prägt, nicht einer Reform bedarf. Die Gewissheit, dass Sie durch diese Worte zum Nachdenken angeregt wurden, zeigt Ihr Interesse und den Ruf Ihrer Seele nach dem höheren Selbst.

Vielleicht sagen Sie jetzt, ich hätte nichts gesagt, was Sie nicht schon lange wussten.

Doch ich habe nie gesagt, dass ich das Ei des Kolumbus entdeckt habe oder ich in irgendeiner Weise wissender bin als Sie. Mein Gefühl sagt mir, dass Sie mir innerlich zustimmen und von allem Kenntnis haben. Die Frage, die mich aber beschäftigt, lautet: Warum leben Sie nicht danach?

Allen, die in diesen Worten die Erlösung von all Ihren Sorgen, Krankheiten und Nöten sehen, sage ich: Arbeiten Sie in Liebe weiter an sich in der Verbundenheit mit der Umwelt und der Gewissheit von Gottes Nähe. Beginnen Sie, täglich in der Meditation Ihren Horizont zu erweitern, bitten Sie um den Glauben, um die Liebe und um das Verständnis, alles ganzheitlich zu sehen.

Lösen Sie sich von allem, was Sie nicht als positiv empfinden, was Sie belastet, was krank im Körper, in der Seele und im Geist macht.

Seien Sie sich aber bewusst, dass instabile Beziehungen unter Umständen daran zerbrechen können und sollen, weil Veränderungen stattfinden.

Bitten Sie: »Du allumfassende Macht, dreifaltiger Gott, ich bitte dich in Demut um den Glauben, um die allumfassende Liebe und um das Verständnis, alles ganzheitlich zu sehen.

»ICH BIN gläubig, ich bin in der allumfassenden Liebe und sehe alles in der Ganzheitlichkeit. Danke, dass ich glaube, allumfassend liebe und alles ganzheitlich sehe. Amen.«

"Schlussge-Danke"

Aus der Tiefe meines Herzens spreche ich zu Ihnen, lieber Leser.

Der Mensch hat mit »SEINEN« Gedanken die Welt geformt und so erschaffen, wie wir sie heute vorfinden. Lassen Sie uns gemeinsam die Augen öffnen, und sehen Sie, was wir mit unserem gedanklichen Erschaffen erreicht haben. - Ist es nicht so, dass wir die Erde ausgebeutet, die Natur nahezu zerstört haben und auf dem besten Wege sind, uns selbst zugrunde zu richten? Ist es nicht so, dass wir durch unser Ego gedanklich schöpferisch tätig waren? - Doch wo sind wir damit gelandet?

Hass, Neid, Eifersucht, Ängste, Verletzungen, Feindschaften, Macht usw., all diese und andere niedrigen Beweggründe sind Früchte unseres eigenen Egos.

Erinnern Sie sich an das erste Gebot der Bibel? - »Ich bin dein Herr und dein Gott, du sollst keine fremden Götter neben mir haben.«

Wer oder was sind diese fremden Götter, die bereits in der Bibel als das »goldene Kalb« bezeichnet werden? Nun, das Geld, die Gier, die Macht und viele Dinge mehr, allen voran unser EGO, aus dem alles entstanden ist.

Hat sich seit jener Zeit in unseren Grundeinstellungen etwas groß verändert? Begegnen wir uns in Liebe und Demut, und anerkennen wir in unserem Gegenüber und in allem, was uns begegnet, die vollkommene Schöpfung Gottes?

Wir haben vergessen, dass wahre Schöpfung nur aus dem Herzen und in der Liebe entstehen kann, in dem so genannten göttlichen Teil von uns.

Überlegen Sie doch bitte einmal selbst: Schmeckt etwas mit Liebe Gekochtes nicht anders? Erkennt man nicht schon bei der Betrachtung eines Bildes, ob es mit Liebe und Herz gemalt wurde? Ist es nicht herrlich, an einem Arbeitsplatz tätig zu sein, wo alle, egal ob Chef oder Angestellter, sich in Liebe begegnen und wo die Herzenswärme regiert? Lernen wir nicht gerne bei einem Lehrer, der mit Liebe und aus dem Herzen heraus Wissen vermittelt?

Vor 2000 Jahren hat jemand versucht, uns ein leuchtendes Beispiel zu geben. Er wusste um den Schlüssel zum Glück und hielt ihn stets in den Händen.

Doch haben wir es umgesetzt? Haben wir daraus gelernt?

Meine lieben Leser, ein guter Freund und Sprachwissenschaftler sagte zu mir: »Germanus, die deutsche Sprache ist eine der tiefgründigsten Sprachen, die es weltweit gibt.« Wenn dem so ist, dann steckt in dem Wort GEDANKE das Wort DANKE, und vielleicht war ursprünglich der Gedanke nur dazu da, um dem allmächtigen Gott zu danken und nicht, um gedanklich schöpferisch tätig zu werden.

Wenn Gott (oder wie auch immer Sie es nennen wollen) der Sender ist und wir seine Kinder oder die Empfänger, dann horchen Sie in sich hinein, ob es nicht an der Zeit ist zu sagen:

»Ich lege mein EGO ab. Gott Vater, Gott Mutter, dein Wille geschehe!«

Versuchen Sie einmal, nicht mehr gedanklich zu schöpfen, sondern mit Liebe aus dem Tiefsten Ihres Herzens – und zwar in jedem Augenblick Ihres Seins.

Glauben Sie mir, ich weiß, was für eine harte Schule Sie durchlaufen, wenn Sie sich für diesen Weg entscheiden. Täglich werde ich aufs Neue geprüft, insbesondere wenn ich dann auf Menschen stoße, die mich aus vergangenen Tagen kennen, bei denen ich durch mein Verhalten dann auf Unverständnis stoße oder sogar Lachen, Hohn und Spott ernte.

Ich bin in Gedanken daher bei jedem Einzelnen von Ihnen und unterstütze Sie bei Ihrem Wirken, indem ich Ihnen viel Kraft, Ausdauer und Liebe sende.

Das Ziel

Ich bin der Meinung, dass ich einen Auftrag zu erfüllen habe - und zu diesem Zweck gründe ich eine gemeinnützige Stiftung des bürgerlichen Rechtes für ganzheitliche Psychosomatik und eine Schule des höheren Selbst zum Wohle der Menschen.

Der Gewinn aus den Büchern und der Erlös der Spenden aus den Vorträgen wird in diese Stiftung fließen, um Einrichtungen zu gründen, in denen Sie unter Anleitung von Ärzten, Psychologen, Heilpraktikern, Masseuren, Physiotherapeuten und Geistheilern:

- sich ganzheitlich behandeln lassen können
- in Seminarform Ihr höheres Selbst finden
- Gesprächskreise und Meditationsschulen besuchen können

- lernen, Ihre Selbstheilungskräfte zu aktivieren
- Ihre persönlichen Fähigkeiten freilegen und neue Wege gehen können
- Sie neue Wege in der Ernährung gehen können
- Ihr Glück erleben und fühlen werden

Dies alles, und das betone ich in aller Deutlichkeit, wird auf reiner Spendenbasis aufgebaut und soll sich selbst tragen.

Auch jetzt im Vorfeld wird in unserer Praxis in Kooperation mit einigen Ärzten nur auf dieser Basis ganzheitlich geheilt.

Ich möchte an dieser Stelle nicht ausführlich über Heilungserfolge sprechen, aber Menschen, welche MS, ADS, psychische- und psychosomatische Erkrankungen, Lähmungen, Morbus Crohn, unheilbaren Krebs u.v.m. hatten, wurden geheilt mit der göttlichen Kraft der Liebe, welche durch meine Hände fließt.

Ich kann und werde nie ein Heilversprechen abgeben, aber die Heilungen geben mir Recht. Wir müssen neue Wege der kooperativen Zusammenarbeit zum Wohle des Erkrankten gehen.

Mit Bestimmtheit geht es hier nicht um Macht, Ansehen oder Geld. Die ganzheitliche Heilung des Erkrankten muss unter allen Umständen im Vordergrund stehen. Deshalb suche ich noch mehr Ärzte, die mit mir neue Wege der Heilung gehen.

Eine Symptombekämpfung ist für mich persönlich keine Heilung, deshalb sollte sich eine Heilung immer auf allen Ebenen, d.h. körperlich, geistig und seelisch, abspielen.

Heilung bedarf immer der Liebe und Hingabe zum Patienten und dessen Krankheit und darf niemals davon abhängig sein, was der jeweilige Hilfesuchende verdient.

Lieber Leser, wir gehen einer neuen Zeit entgegen. Dass der Staat kein Geld hat, die Krankenkassen ständig mehr Beiträge fordern und immer weniger Leistungen erbringen, brauche ich Ihnen nicht zu erzählen. Und dass immer mehr Menschen mit wiederkehrender gleicher Symptomatik zum Teil verzweifelt Hilfe suchen, ist auch nichts Neues.

Nehmen wir mit Gottes Hilfe unser Glück selbst in die Hand.

Wir haben nichts mehr zu verlieren, denn verloren haben wir seit Jahrtausenden, alles, was uns lieb und teuer war, nämlich uns selbst und unsere wahre Verbindung zu Gott.

Wir haben uns kaufen und blenden lassen von Gier, Besitz, Reichtum, Machthungrigkeit und Egoismus. Dafür haben wir unsere Gesundheit, die Liebe und die wahre Gottverbundenheit geopfert.

Wir können nur gewinnen, heute ist der Tag an dem wir die Wende einläuten. Lassen Sie uns gemeinsam diesen Weg gehen.

Wir handeln in unserem Leben mit Tun und Wirken, mit Liebe zum Wohle aller, und für diese Vision opfern Sie Ihre Vorurteile, Ihr Misstrauen, Ihre Angst, Ihr Ego.

Ich freue mich, wenn ich Sie sehe, bis dahin sende ich Ihnen göttliches Licht.

Danksagung

Ich danke all jenen, mit denen ich in all meinen Lebensjahren in irgendeiner Form zu tun hatte. Ihr, jeder für sich und auf seine Weise, seid für mich ein wichtiger Teil meines Lebens gewesen, als Spiegel, Wegweiser, Lerngefährte, Partner und Werkzeug (ein wunderschönes Instrument, wenn man über den Sinn und die Nützlichkeit dieses Wortes nachdenkt ...).

Einen herzlichen Dank an meine Eltern, denen ich an dieser Stelle sagen möchte: Ihr habt alles richtig gemacht, und ich bin stolz darauf, dass ihr meine Eltern seid.

Meiner Schwester, mit Schwager und Nichten, mit der mich ein sehr enges Band verbindet, danke ich. Der wichtigste Satz von ihr für mich war und wird immer bleiben: »Egal welchen Weg du gehst, ich bin immer für dich da. Du bist und bleibst mein Bruder.«

Meinen Kindern danke ich für all das Vertrauen, für die immer wiederkehrenden Chancen, die ich von ihnen bekommen habe, wenn ich als Papa nicht mein Bestes gegeben hatte.

Meinen Verwandten danke ich, dass sie mich gelehrt haben, was das Wort Großfamilie bedeutet, auch wenn ich oft durch Abwesenheit glänzte.

Meiner Oma, die in täglichem Gebet zu Gott um meine Erleuchtung betete, danke ich ebenfalls.

Bei all denen, denen ich in irgendeiner Weise Kummer, Leid oder Schmerz zugefügt habe, möchte ich mich an dieser Stelle entschuldigen.

Meinen Dank ferner an all diejenigen, die an der Gestaltung dieses Buches in irgendeiner Form mitgewirkt haben.

In Demut und Gnade bedanke ich mich bei dem dreifaltigen Gott und allen himmlischen Helfern für meine Erweckung, dass ich ein Werkzeug des Glaubens sein darf. Ich danke für all die erhaltenen Geschenke von Gott, insbesondere für den Zugang zur göttlichen Liebe, der ich meine große Heilkraft zu verdanken habe.

Ich danke dem Dreifaltigen Gott, dass ich ganzheitlich heilend tätig bin und somit den Menschen täglich aufs Neue mit der Liebe Gottes helfen darf.

An dieser Stelle möchte ich mich jetzt ganz besonders bei meiner Frau bedanken, welche mit viel Verständnis, Güte, Klarheit, Weisheit und vor allem mit einer tiefen Liebe und Zärtlichkeit an meiner Seite mitwirkt, wo Worte häufig überflüssig sind, weil ein und dieselbe Energie, der gleiche Fluss, uns trägt.

Mein geliebter Schatz, durch dich hat mir der allmächtige Gott einen Traum wahr werden lassen, einen Partner, der mich so annimmt, liebt und achtet, wie ich bin. Ich danke dir, dass du mein Spiegel bist, mir aber nicht gehörst, sondern frei und eigenständig bist.

Mein letzter Dank gilt Ihnen, lieber Leser, für Ihr offenes Ohr und Ihr Herz, das Sie geöffnet haben. Möge Gott Sie behüten und segnen.

Euch allen begegne ich in tiefer Liebe,
Germanus

Glossar

synergetisch:
zusammenwirkend

intuitiv:
innere Einsichten, unbewussten Wegen folgend

morphogenetisches Feld:
alles verbindendes Feld

Gesetz der Analogie:
Alles ist gleich aufgebaut, die Zelle des menschlichen Körpers gleicht dem Aufbau der Tier- und Pflanzenzelle, selbst das Universum hat denselben Grundaufbau wie eine menschliche Zelle. Alles wirkt wie ein Spiegel auf uns, was wir aussenden, das ziehen wir an.

Kinesiologie:

Therapieform, bei der unter zu Hilfenahme von Muskelbewegungen das Unterbewusstsein befragt wird.

Autisten:

Menschen mit einer Wahrnehmungs- und Informationsstörung des Gehirns

Selbstaffirmation:

immer wiederkehrende Selbstbeschwörung (Selbstsuggestion)

Über die Autoren

♡

Germanus Piegsda & Julia Michel-Piegsda

In der Praxis für ganzheitliche Gesundheit von Germanus und seiner Frau Julia werden Menschen auf allen Ebenen energetisch und individuell behandelt.
Persönliche Heilbehandlungen lösen allgemeine Erkrankungen, Blockaden und Schmerzzustände auf.

Germanus, geboren 1962, belegte verschiedene psychologische Studiengänge und spezialisierte sich auf die Tiefenpsychologie. Zudem verfügt er über mediale Fähigkeiten und Heilenergien. Julia heilt u.a. mit eigenen Kompositionen und Geigenmusik.

E-Mail: ganzheitliche-gesundheit@web.de

208 Seiten, broschiert
ISBN 978-3-89845-231-1
€ [D] 11,90

Dr. Venice Bloodworth

Die Begrüßung der Morgendämmerung

Ein Klassiker des Positiven Denkens

Der Bestseller der bekannten amerikanischen Psychologin! Ein Buch, das auf klare und einfache Art und Weise aufzeigt, wie jeder Mensch Fortschritte machen kann, indem er unbewusst die kreative Kraft, die das Geburtsrecht eines jeden Individuums ist, anwendet. Lernen Sie, Ihre mentalen Bilder und Vorstellungen zu kontrollieren sowie zu realisieren, entdecken Sie Ihr wahres Selbst und lernen Sie, sich endlich wieder zu vertrauen. Ein echtes Schlüsselbuch!

136 Seiten, broschiert
ISBN 978-3-89845-235-9
€ [D] 9,90

Sylvia Poth

Leben und sich niemals aufgeben

Mein Weg aus dem Schmerz

Ein wunderschön einfaches Buch – im Kopf erlebt, im Herzen empfunden und aus dem Bauch heraus geschrieben: die Geschichte eines Lebens voller Schmerzen, Operationen, Todesangst, Krankheiten und Depressionen bis hin zu einer Vergewaltigung.

Lesen Sie das authentische Selbsthilfebuch einer Frau, die durch alle Leiden gehen musste, um ihren Sinn im Leben und ihren Weg als Heilerin zu finden - ein seltenes Zeugnis eines erlebten Kreuzweges...

152 Seiten, broschiert
ISBN 978-3-89845-234-2
€ [D] 11,90

Kurt Tepperwein

Mentaltraining für Fortgeschrittene

Ein neuer Weg zur Persönlichkeitsentfaltung

Mentaltraining ist ein moderner Weg der Persönlichkeitsentfaltung, der überliefertes Wissen mit wissenschaftlichen Erkenntnissen verbindet. Dieses Buch stellt die Techniken des Mentaltrainings vor und zeigt, wie man diese in seinen Alltag integrieren kann. Schritt für Schritt erfährt der Leser, wie es ihm mit einfachen, aber wirksamen Methoden gelingen kann, sein Leben nach eigenen Wünschen zu gestalten. Nach der Lektüre werden Sie in der Lage sein, Ihr Meisterbewusstsein zu erwecken und mit Freude zu leben!

208 Seiten, mit 8 farbigen Seiten, broschiert
ISBN 978-3-89845-237-3
€ [D] 14,90

Anne Givaudan & Dr. Antoine Achram

Gedankenformen und ihre Auswirkungen

Eines der revolutionärsten Bücher zum Thema Gedankenkraft! Die Autorin macht eindringlich klar, wie eine Gedankenform funktioniert, wie sie entsteht und wie sie wirkt, insbesondere aber, wie wir ihren Einfluss auf uns mindern können. Gedankenformen können uns ersticken oder uns dynamisieren – sie erkennen und sich ihrer Rolle bewusst zu werden, das ist der erste Schritt zu einer wahren "Transformation"; diesen Schritt nun erleichtert dieses Buch mit seinen umfassenden und doch verständlichen Erläuterungen.

Weiterführende Informationen zu
Büchern, Autoren und den Aktivitäten
des Silberschnur Verlages erhalten Sie unter:
www.silberschnur.de oder durch
die Zusendung der beiliegenden ***Postkarte***.

Ihr Interesse wird belohnt!